KB239943

# 자바의 사원과 유적

## - 바다의 실크로드에서 융성한 자바 왕조사 -

## 가종수

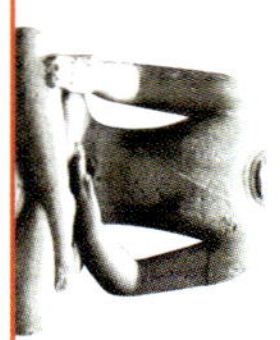

**자바의 사원과 유적**
바다의 실크로드에서 융성한 자바왕조사

지은이 _ 가종수
펴낸이 _ 최병식
펴낸날 _ 2012년 8월 27일
펴낸곳 _ 주류성출판사
서울시 서초구 서초동 1305-5
www.juluesung.co.kr
juluesung@yahoo.co.kr

전화 _ 02-3481-1024
전송 _ 02-3482-0656


값 20,000원
ISBN 978-89-6246-091-9 93910

# 자바의 사원과 유적

## - 바다의 실크로드에서 융성한 자바 왕조사 -

가종수

# 머리말

중국 남쪽에서 인도 동쪽 지역을 동남아시아라고 부르게 된 것은 제2차 세계대전 이후이다. 그 범위는 현재의 국명으로 하면 베트남, 캄보디아, 라오스, 타이, 미얀마, 말레이시아, 브루나이, 싱가포르, 인도네시아, 필리핀, 티모르·레스테로, 크게 대륙부와 도서부로도 구분한다.

대륙부의 운남, 티베트 고원을 수원으로 하는 메콩, 짜오프라야, 사루위엔, 에야와디 등의 대하가 상류의 산지와 하류의 연안과의 교류에 중요한 역할을 했다. 그리고 대륙의 연안부와 도서부와는 바다를 사이에 두고 밀접한 교류가 있었다. 동남아시아 선사시대의 사람과 문화의 이동은 이러한 강을 따라 내륙부에서 반도부를 경유하여 도서부로 확산한다. 기후는 열대다우림 지대에 속하고 민족적으로도 다양하다. 동남아시아 문화는 인도나 동아시아의 문화와는 다른 독자적인 문화를 형성하고 있다.

우리나라는 동남아시아와 지리적으로 가깝고 경제적으로 밀접한 관계가 있다. 그럼에도 불구하고 아세안제국의 정치와 경제 분야를 제외하면, 동남아시아 각지의 역사나 문화에 그다지 관심이 없다. 현재 동남아시아 역사 연구는 세계사 안에서도 가장 활발한 지역이다. 세계 각국의 고고학자와 미술사학자가 동남아시아에서 경쟁적으로 유적 조사와 복원에 참가하고 있다. 동남아시아와 관련하는 일본어와 영어의 전문서가 계속해서 출판되고 있다. 우리나라에서도 앙코르·와트이나 보로부두르의 이름은 널리 알려져 있지만, 동남아시아 각지의 사원과 미술에 일반인들이 관심을 끌게 된 것은 극히 최근이다.

동남아시아의 역사를 생각하는데 중요한 개념의 하나가 '인도화'(Indonization)이다. 서기 4~5세기경 이후부터 인도네시아에 인도문화가 서서히 영향을 끼치기 시작한다. 인도네시아에 힌두교가 전파한 것은 인도문화의 전체적인 확장에 의한 것이었다. 그 과정에서 신학 교리, 신화 체계, 산스크리트어, 사회와 정치 조직 등과 함께 힌두교와 불교가 전파한다. 중국의 사서에 자바에 대한 기록이 나오는 것도 5세기 이후이다. 414년 중국으로 돌아가는 도중에 야파제국(자바)에 들렀던 법현의 기록이 자바에 관한 가장 오랜 문헌이다.

그러나 자바에서 인도 기원의 종교를 위한 조형 활동이 명확해지는 것은 6~7세기 이후로 어느 지역에서든 지배층의 열렬한 비호 아래서 활발하게 사원과 신상들이 만들어졌다. 현재 대 순다열도에서는 주로 이슬람교가 신봉되고 있지만, 고대의 자바 사원과 조상 유품에는 대승불교와 힌두교가 우세하여 공존하고 있었던 것을 알 수 있다.

인도네시아의 수마트라 섬, 자바 섬 및 발리 섬에는 많은 불교 및 힌두교의 고대 사원과 유적이 남아 있다. 인도네시아의 불교 전래 시기는 정확하지 않지만, 초기에 전해진 불교는 대승불교였다. 또한, 인도네시아에 전래 된 초기의 불교는 힌두교와의 융합(syncretism)이 현저하여, 사원과 종교 미술에는 이 2 종교를 이교로 구별하는 것은 불가능하다. 특히 힌두교와 불교 사원 대부분이 물론 예외는 있다고 해도 기본적으로 같은 형태이다.

예를 들어 중부 자바에 남아 있는 고대 사원 건축을 일반적으로 힌두교 사원과 불교 사원으로 분류한다. 하지만 이것은 불교와 힌두교라는 종교에 의한 분류법으로 양자의 건축은 매우 유사하다. 물론 자바 섬에서도 기반을 달리하는 힌두교와 불교의 '신상·불상'은 다르지만, 사원의 건축 차이는 거의 없고, 인도의 영향을 받았다. 하지만 보로부두르는 인도 전래의 불교와 힌두교의 조형 건축과는 전혀 다른 독특한 건축 공간을 하고 있다.

동남아시아의 사원과 조각의 원형이 가장 잘 남아 있는 곳이 중부 자바이다. 중부 자바는 8세기부터 10세기 전반까지 인도네시아의 정치와 문화의 중심지였다. 그 후 이슬람 문화가 우세하는 16세기 전반까지 동부 자바가 정치와 문화의 중심지가 된다. 10세기 중반 이후 잦은 화산 폭발과 질병 때문에 왕조가 중부 자바에서 동부 자바로 이동한다.

인도네시아의 고전 미술은 서부 자바기(8세기), 중부 자바기(8세기~10세기), 동부 자바기(10세기~16세기)의 3기로 구분된다. 인도네시아 혹은 동남아시아에서는 이슬람 이전의 종교 건축을 '찬디'(Candi)로 총칭하고 있다. 불교와 힌두교 사원을 막론하고 모든 종교 건축물을 찬디라고 부른다. 찬디에는 '스투파(불탑)형', '사당형', '승방형', '욕장형', '영묘형'의 찬디가 있다. 또 각각의 종교 건축을 찬디라고 부를 뿐만 아니라, 이들 건축의 복합체인 가람 전체도 '찬디'라고 부른다.

인도네시아의 자바 섬이 역사적으로 인도문화의 영향을 강하게 받은 것은 부정할 수 없는 사실이다. 특히 종교 미술은 그 경향이 현저하다. 그러나 자바의 미술은 인도 미술의 일부나 그 아류가 아닌 독자적인 문화이다. 예를 들면 보로부두르 유적은 인도에서는 볼 수 없는 자바의 독자적이고, 또한, 조각도 인도의 관능성을 배제한 자바 특유의 온화하며 청초한 모습을 하고 있다.

동남아시아의 역사와 문화는 일본, 미국, 유럽에서도 인도나 중국과 관련해서 연구하는 것이 일반적이다. 일본에서도 인도네시아 미술사를 전문으로 하는 연구자는 극히 소수로 인도나 중국의 전문가들이 주로 자바 미술사를 논하는 경우가 많았다. 그러나 우리는 인도나 중국과는 다른 동남아시아 문화의 독자성을 명확하게 인식해야 한다.

G.세데스의 '동남아시아 고대 국가가 인도문화를 조직적으로 수용하여 성립했다'는 '인도화'(Indianization)라는 주장은 세계적으로 큰 영향을 끼쳤다. 일반적으로 동남아시아 문화(사원과 조상을 포함)는 인도 종교의 영향에 의해서 성립된 것으로 생각해 왔다. 최근까지의 동남아시아 연구는 이 지역 문화가 타율적으로 형성했다고 보는 관점이 주류였다. 일제식민지시대 우리의 모든 문화가 중국 영향에 의해서 성립했다는 일부 일본인 학자

의 주장과 같이 동남아시아의 '인도화'라는 G.세데스의 개념은 인정할 수 없다. 또한, 우리는 일본인들이 식민지시대에 자행해왔던 문화재 약탈과 문화재 보호법 위반 등의 범법 행위를 동남아시아에서 흉내 내서는 안 된다.

　동남아시아의 문화는 기층문화(동손 문화, 수전관개농업)를 기반으로 하여 인도문화 가운데 자신들의 문화에 적합한 요소만을 선택해서 채용했다는 '자주성'을 간과해서는 안 된다. 이러한 선택·변용·융합의 과정을 인도문화의 '지역화'(동남아시아화)라고 부른다. 즉 선택해서 수용한 문화가 어떠한 과정에서 어떻게 동남아시아적으로 변용했는지를 탐구하는 것이야말로 동남아시아 문화의 특성을 밝히는데 유효하다. 그 대표적인 사례가 인도네시아의 보로부두르와 캄보디아의 앙코르 유적이다. 우리는 자바의 사원과 조상이 단순한 인도의 영향에 의해서 성립되지 않았다는 명확한 증거를 인도네시아의 유적에서 쉽게 발견할 수 있다.

　본서는 슈지츠대학(就實大學) 연구비에 의한 인도네시아 현지조사 성과의 일부이고, 인도네시아의 모든 사원과 유적은 국립인도네시아고고학연구소의 허락 아래 조사했음을 명기한다. 흑백 사진은 오가와 세이요(小川晴暘, 1894~1960년)가 1943년에 촬영한 것으로, 본서에 사진 게재를 허락해 준 아스카엔(飛鳥園)의 오가와 고타로(小川光太郎)님께 깊은 사의를 표한다.

2012년 8월
가 종 수


일부 지도와 사원·유적 이름은 독자 여러분의 답사 여행을 위하여 영문으로 표기했다.

# I. 자바의 힌두교·불교

## 인도네시아의 힌두교와 불교

인도네시아의 대표적인 사원은 '보로부두르'와 '찬디 로로 종그랑'이다. 중부 자바 족자카르타 주변에 남아 있는 불교와 힌두교를 대표하는 유네스코 지정 세계문화유산이다. '세계 최고·최대의 불교 유적 보로부두르', '세계에서 가장 아름다운 힌두교 사원 찬디 로로 종그랑'이라는 수식어가 붙는다.

보로부두르 전경(서북)

　　자바 예술의 원류는 인도에서 기원하는 힌두교와 불교이다. 자바에 전래한 이들 2 종교는 때로는 서로 경합하지만, 시간이 지나면서 서로 융합하여 인도에서 볼 수 없는 독자적인 종교로 탈바꿈한다. 보로부두르 부조는 인도 불교의 영향을 부정할 수 없다. 하지만, 불탑을 공양하는 부조에는 브라만 승려가 새겨져 있다. 이러한 현상을 힌두교와 불교의 '자바화'라고 부르며, 그 후 힌두교와 불교는 1,000년 가까이 자바의 사회, 문화, 예술에 큰 영향을 끼쳤다.

　　힌두교는 인도의 브라만교에서 발전한 것으로 인도의 모든 종교 요소를 내포하고 있다. 기원전 7세기부터 기원전 5세기에 성립한 브라만교는 다신교이다. 브라만교는 대자연의 구성 요소나 여러 현상을 신격화해서 숭배한다. 주요한 신은 스리야<sup>태양신</sup>, 인드라<sup>뇌신</sup>, 아구니<sup>화신</sup>이다. 그 후에 힌두교가 체계화되고 나서 비슈누가 천상계에서 태양을 표상하는 신이 된다. 또 공계<sup>空界</sup>에는 힌두교의 가장 중요한 시바신이 되는 누도라<sup>폭풍 신</sup>가 있다.

　　이들 베다의 신들은 처음에는 서로 각각 찬양되어 서로 종교적인 연계는 없었다. 그러나 시간이 지나면서 여러 신이 하나의 철학적 사상으로 통일하면서 신 바로 그 자체보다도 이러한 신을 제사 지내는 제례가 중요시된다. 그에 따라서 제례를 담당하는 사제<sup>브라만 승</sup>의 힘이 강해지고 결국은 브라만 승을 최상층 계급으로 하는 엄격한 카스트 제도가 성립한다. 그것은 카스트 상호 간에 명료한 신분 계층을 형성한 획일적인 사회였다.

찬디 로로 종그랑

기원 전후 브라만교에서 발전한 힌두교는 다신교였지만, 많은 신의 배후에는 유일신이 존재한다는 관념이 잠재하고 있었다. 이러한 의미로 보면 힌두교는 일신교적인 요소도 있다. 신들의 관계는 하나의 신이 다른 측면의 권현權現이며 서로 배타적인 것이 아니었다. 그 때문에 많은 신이 구체적 형태로 존재한다.

이러한 관념은 절대 신이 우주에서 창조, 유지, 파괴의 3개로 통합되어 브라마, 비슈누, 시바가 탄생한다. 다양성 안에서의 통일은 힌두교 문화의 큰 특징이다. 3대 신 가운데 비슈누와 시바가 신자를 획득하여 각각 최고신으로 숭배된다. 역사적으로 자바와 발리에서는 시바교가 절대적인 우위를 차지했다. 즉 인도네시아의 힌두교는 시바교라고 할 수 있다. 그러나 비슈누를 주신으로 하는 사원도 있다.

힌두교 사회에서는 생사의 무한한 반복은 세습하는 최상층 브라만이 설득하는 일종의 철학적 관념이었다. 그러나 이러한 브라만 중심의 윤리관은 점차 붕괴하여 새로운 사상이 복잡한 양상으로 등장한다. 기원전 6세기에 브라만교 내부의 개혁파가 대두하여 탄생한 것이 불교이다.

불교는 역사적으로 실존한 석가모니에서 출발한다. 그는 수행으로 정각자인 석가가 된다. 카스트를 부정하고 사람은 누구나 석가가 될 수 있는 소질을 가져 수행에 따라서 성불 할 수 있다고 설한다. 또 우주 만물의 존재를 다원적으로 보는 브라만교에 대하여 불교는 그것을 일원적으로 보고 모두 '인'과 '연'에 의하여 상호 의존하는 것으로 간주했다.

석가 입적 후 몇 세기가 지나면서 불교는 아시아 전역에 전파한다. 그와 함께 불교의 원초적인 신앙 형태는 다양화하여 소승불교에서 '범불론적 세계관'을 사상으로 하는 대승불교가 대두한다. 이러한 대승불교에 신비 사상이 도입되어 힌두교와 밀접한 밀교가 탄생한다.

자바를 비롯해 인도 종교 문화의 영향을 받은 동남아시아 각지에서 처음으로 수용한 불교는 대승불교였다. 그 후 자바와 발리에서 불교는 힌두교와 융합하면서 독특한 민족 종교로 변신한다. 15세기가 되면서 자바는 이슬람교가 세력을 확장하고 16세기에는 자바의 힌두교 왕조 마자파힛 왕국이 패망하여 발리 섬으로 망명한다. 한편, 동남아시아 대륙부에서는 소승불교가 성행한다.

8세기 중엽 중부 자바에 돌연히 출현한 대승불교가 얼마나 강력한 세력을 갖고 있었는지는 보로부두르와 현재 남아 있는 불교 사원이 그것을 명료하게 입증

하고 있다. 보로부두르는 이 유적의 건립자가 대승불교였던 것을 나타내고 있다. 하지만 당시 불교 중심지였던 인도 나란다에서는 탄트라파가 융성함에 따라서 자바 불교도 밀교가 성행하게 된다. 중국 문헌에도 밀교의 교조 '바주라보디'금강지. 670~741년와 '아모가바주라'불공, 705~774년가 718년에 자바를 순례한 기록이 남아 있다.

원래 힌두교와 불교는 경쟁적인 관계였다. 인간을 중심으로 하여 누구나 다 부처가 될 수 있다고 하는 불교와 신이 지배하는 세계를 신앙하는 힌두교에는 근본적인 성격 차가 있다. 그럼에도 양자 간의 미묘한 교섭은 이미 기원전부터 시작되었다.

원래 힌두교의 신들은 자연신이다. 신이 자연과 인간을 지배한다는 신앙은 일찍부터 인도인을 강하게 지배하고 있었다. 따라서 이 신들을 부정하는 새로운 종교인 불교를 포교하기는 쉽지 않았다. 이러한 이유로 불교는 석가의 설법에 의해 힌두교 신들이 교화되어 불법을 수호한다고 설한다. 교묘하게 힌두교 신을 불교 수호신으로 바꿔 놓고 있다. 특히 밀교는 그 신앙 형태가 불교의 무신론적 성격을 배제하여 힌두교와 융합한다.

원래 대승불교는 그 독특한 관대함 때문에 다른 종교와 혼합하기 쉬운 측면이 있었다. 불교 신앙 안에 힌두교가 융합하는 한편, 힌두교도 석가를 비슈누의 화신으로 숭배한다. 이렇게 인도네시아 불교는 힌두교와 통합하는 형태로 전개한다.

자바에 전래한 힌두교와 불교는 서로 공존 관계에 있었다. 힌두교와 불교는 일반적으로 동남아시아의 민중에게 단일한 것으로 인도 문명의 2 측면에 지나지 않는다. 자바인에게는 힌두교든 불교든 조상 전래의 토착 종교라는 기본 틀 안

브라만 승의 불탑 공양(보로부두르, 제1회랑 주벽 하층)

아르주나 나타 유적(남인도)

에서 하나의 신앙 형태로 수용한다. 이러한 자바 풍토안에서 힌두교와 불교는 서로 융합하여 '자바화'가 진행한다. 힌두교와 불교를 서로 다른 종교로 간주하고 있었던 것은 이러한 종교를 이용하여 권력을 강화하려 했던 지배층 뿐이었을지도 모른다.

이렇게 해서 힌두교와 불교는 자바에서 공존하고 힌두자바 예술을 낳는데, 시대가 지나면서 양자가 융합하는 현상이 점점 현저하게 나타난다. 동부 자바기가 되면 2 종교는 분별조차 곤란해져 결국 '시바붓다'라고 하는 혼합 종교가 성행한다. 시바신과 석가를 숭배하는 '자만붓다' 또는 '아가마붓다'라고 하는 독특한 힌두교·불교가 성립한다. 인도문화를 수용했다는 의미로 '인도화'라는 표현이 사용되지만, 이러한 표현이 무색할 정도로 자바 민족의 주체성이 점차 강해진다.

인도의 광대한 지역 안에는 문화, 언어, 종교 등 많은 다양성이 존재하고 있다. 인도 여러 지역의 문화가 각각 오랜 시간에 걸쳐서 파상적으로 자바에 전래한

해안사원(남인도)

다. 종교 미술사와 비문 연구로부터 인도 남부의 팔라바 왕조, 쵸라 왕조, 동부의 파라 왕조, 서부의 구자랏 왕조, 그리고 스리랑카 등이 자바 힌두교·불교의 기원지로 여겨지고 있다. 자바 초기 힌두교 사원은 6~7세기의 남인도 사원 형태와 유사하다.

자바에 여러 인도 왕국의 다양한 문화와 예술이 동시에 전래한다. 이러한 문화는 시간이 지나면서 다양한 양식이 조화하여 새로운 형식으로 재창조된다. 자바 문화의 재창조는 극히 일반적이고 자연스러운 현상이라고 할 수 있다. '힌두·자바기'의 건축이나 조각 등이 명확하게 인도 조형의 영향을 보이면서도 자바만의 특색과 아름다움이 있다.

인도문화가 자바에 전래·수용하는 과정은 반드시 인도에서 일방적으로 전해진 것이 아니다. 이것은 우리 문화가 중국의 일방적인 영향과 수혜로 성립하지 않은 것과 같다. 인도의 여러 왕조도 동서 무역에서 자바 왕조와의 교류는 절대적으로 필요했다. 또한, 많은 자바인이 바다를 건너 인도에 가서 인도문화를 자바에 전했던 점도 간과해서는 안 된다. 인도와 인도네시아 왕조는 상호 이익을 위해서 왕래가 있었고, 이러한 과정에서 자연스럽게 자바는 인도문화를 수용한다.

인도네시아 지도

인도와의 왕래를 알리는 배의 부조(북수마트라, 리우 비앙유적)

## 서부 자바기

동남아시아 고대사의 중심 무대는 자바 섬이다. 인도 문명을 원천으로 하는 인도네시아의 고대 문화를 '힌두 자바 예술'불교, 혹은 인도네시아 고대사를 '힌두 자바기'로 부르는 것은 인도네시아에서 '힌두교와 자바'가 예부터

《치아루톤 비문》

그 중심이었기 때문이다.

기원전 1세기 때부터 인도양을 건너서 인도 상인이 자바를 왕래하면서, 힌두교와 불교의 영향을 받은 자바 문화가 융성한다. 서부 자바의 가장 오래된 산스크리트어 비문이 자카르타, 반텐, 보고르에서 발견되었다. 이들 비문 중에《치아루톤 비문》,《잠부 비문》,《트구 비문》에는 타르마누가라 왕국의 푸르나바르만이라는 왕국과 왕명이 기록되어 있다.《쿠본 코피 비문》은 왕명이 기록되어 있지 않지만, 부라후미 글자체와 내용으로 보아 다른 3 비문과 유사점이 많아 이들 비문은 서로 관련하는 것으로 여겨진다.

《치아루톤 비문》은 보고르 북서 12km의 치아루톤 마을에 있다. 비문<sup>지름 2m, 높이</sup> 160cm은 흑갈색 화산암에 새겨져 있다. 비문은 4줄의 부라후미 문자 음각 문과 판독하기 어려운 한 줄의 문자, 음각한 사람 발자국, 알 수 없는 기호 2개가 새겨져 있다. 4줄의 문자는 '용감한 지상의 수호자 푸르나바르만 타루마네가라 왕국 지배자인 비슈누와 같은 이의 양발.'이라고 판독되고 있다. 이 4줄의 비문은 산스크리트어로 새겨져 있다.

비문에 등장하는 푸르나바르만<sup>Purnavarman</sup> 왕에 대해서 알 수 있는 구체적인 사료는 없다. 중국 사서에 동남아시아에 관한 기록이 나오는 것은 5세기 이후이다. 『송서』열전 권 57 각파파달<sup>闍婆婆達國</sup> 조에 적혀 있는 사려파달도아라천마<sup>師黎婆達陶阿羅踐摩</sup>가 푸르나바르만 왕이라고 보는 설도 있다. 그러나 『송서』이외의 외국 관련 기록에 동남아시아 제국의 왕명에 천마<sup>踐摩, 바르만</sup>가 따라붙는 것을 보면 이 푸르나바르만의 왕명도 인도문화의 영향을 받은 것이다.

푸르나바르만 왕이 비슈누신으로 여겨지고 있다는 기록을 보면 왕이 힌두교를 신앙하고 있었던 것 같다. 자바에 관한 가장 오랜 기록은 414년에 스리랑카를 출발해서 중국에 돌아가는 도중에 야파제국<sup>耶婆提國, 현재의 자바</sup>에 당도한 법현<sup>法顯</sup>의 기록이다. 법현은 자바 섬에 대해서 '그 나라는 브라만교가 융성하다.'고 기록<sup>『불</sup>

국기』乃到一國名耶婆提其國外道婆羅門興盛仏法不足言하고 있어, 5세기 초기 자바에 인도문화의 영향이 미치고 있었던 것을 알 수 있다. 법현이 전하는 기록은 푸르나바르만의 비문 기록과 부합한다.

이 비문에 사용된 문자는 구란타문자이다. 이 구란타 문자는 4세기~8세기 남인도 팔라바 왕조의 문자이다. 이들 자바 비문에 의해서 5세기에 힌두교가 전해진 것을 알 수 있다. 하지만 아직까지 자바에서 5세기의 사원유적은 발견되지 않았다.

수나라589~618년의 『수서』에 임읍林邑, 파리婆利 등의 나라 이름과 '사람이 불법을 섬기고 브라만을 가장 소중히 여긴다.'는 기록이 있다. 자바와 발리에 인도에서 내항한 브라만이 사회적으로 중요한 지위를 차지하고 있었던 것을 기록이 전하고 있다. 동시에 이러한 상황이 적어도 7세기까지 계속된다. 자바 섬야파: 곡물의 섬을 의미은 말레이반도의 여러 나라에 곡물쌀을 수출하여 인도와 중국의 산물을 수입하고 있었다.

인도에서 전래한 다양한 문화는 자바의 기층문화와 융합하면서 점차 독자적인 문화를 형성한다. 7세기 후반부터 16세기 초기에 이르는 시기에 인도네시아에 번성한 종교 예술을 '힌두·자바 예술'이라 부른다. 힌두 자바 예술의 정화인 사원은 고대 자바어로 '찬디'candi라고 한다. 인도문화의 전래는 자바 섬보다는 수마트라 섬이 빠르고 중부보다 서부에서 먼저 시작한다. 하지만 수마트라와 서부 자바에는 중부 자바와 같이 화려한 사원이 남아 있지 않다. 그러나 초기의 인도문화 흔적은 서부 자바 이외에서는 그다지 발견되지 않고 있다. 따라서 이 시대의 '힌두·자바 문화'를 '서부 자바기'라고 부른다.

서부 자바에서 초기 사원유적이 발견되지 않는 것은 자바의 자연환경과 밀접한 관계가 있다. 자바는 인도네시아 중남부의 대 순다열도에 속하는 섬으로 동서동서 약 1,000km, 남북 약 200km로 가늘고 긴 섬이다. 이러한 지형으로 말미암아 같은 자바 안에서도 서부와 중부동부의 자연환경이 매우 다르다. 서부는 수마트라, 말레이반도, 칼리만탄과 같은 열대다우림 지대로 대부분 정글로 뒤덮여 있어 사람이 살 수 있는 적합한 토지가 적다. 하지만 중부와 동부는 열대몬순 기후로 강과 화산이 많다. 화산재는 비옥한 토지를 만들고, 화산구는 산 밑에 풍부한 물을 제공하여, 자바 중부와 동부는 예부터 많은 사람이 살기에 적합한 지역이었다.

자바 섬 동서의 척량산맥에는 약 120개의 화산20개의 활화산이 있다. 중부·동부 자바의 화산은 대부분이 2,000m 이상이다. 중부 자바의 산맥 중에는 반둥 고원, 카루 고원, 디엥 고원, 말랑 고원과 같은 많은 분지가 산재한다. 충적 평야는 주로 중앙 산지의 북쪽에 전개하고, 이들 화산을 끼고 치다룸 강, 치마누쿠 강, 룸 강, 솔로 강, 부란타스 강 등의 큰 하천이 흐르고 있다. 그중에서도 중부 자바의 솔로 강은 자바 섬 최대의 하천으로 그 유역은 동부 자바의 부란타스 유역과 함께 자바의 곡창지대를 이루고 있다.

자바 섬의 민족분포도

한편, 서부 자바는 수전 경작을 하며 사람이 살기에는 적합하지 않은 환경과 토지였다. 고대 서부 자바는 오래된 비문이 보고르를 중심으로 출토하는 것을 보면 물이 많은 고원 지대에 몇 개의 작은 수장국이 있었던 것으로 추정된다. 민족학이나 언어적으로 자바인은 순다인<sup>서부</sup>, 자바인<sup>중부·동부</sup>, 마두라인<sup>마두라 섬</sup>으로 분류한다. 자바의 선주민족은 순다인이다. 자바인<sup>중부·동부</sup>의 선조는 기원전 1,500년에 대륙에서 남하한 오스트로네시아어족이다. 그 후 기원전 5~6세기가 되면서 서인도네시아어군의 집단이 도래한다. 해양 기술과 농업 기술이 능숙한 민족으로 인도네시아어파라고 한다. 이때 도래한 사람들은 자바에 정주하여 그들이 현재의 순다인과 자바인의 선조가 된다.

치레본 유적의 거석 광장

인도네시아의 고고학 연구는 네덜란드 식민지 시대인 1920년대부터 시작하여, 현재 국립인도네시아고고학연구소가 활발하게 발굴조사를 하고 있다. 자바섬의 대표적인 유적은 크게 매장유적돌멘, 멘히르, 거석 유적, 피라미드 신전 등과 사원힌두교와 불교유적으로 나눌 수 있다. 본서의 서명을 《자바 섬의 사원과 유적》이라고 한 것은 자바 섬의 사원은 주민이 이슬람교로 개종하여 신앙의 대상이 아니라서 자바의 사원은 '유적'이라고도 할 수 있다. 따라서 본서는 매장유적보다 사원유적을 중심으로 소개한다.

1920년~1930년대에 걸쳐 석기·청동기의 편년 연구와 함께 각지에서 초기금속기시대의 매장유적과 사원유적의 조사가 이루어졌다. 1940년대 초에 일본군이 중부 자바의 사원 군을 발굴 조사한다.

치레본 유적의 성혈

독립 후의 1954년에 서부 자바의 아냐르Anyar 유적을 반·헤케른Van Hekeren이 발굴조사 했다. 국립인도네시아고고학연구소의 스쿤달Drs.Haris Sukendar이 1977~1979년에 자바의 동북해안의 트르잔Terjan 유적의 적석묘와 프라왕안Plawangan 유적의 토관묘·옹관묘, 아냐르의 옹관묘 유적을 발굴조사 한다. 서부 자바 동북해안의 치레본Cirebon과 쿠닌간Kuningan 유적에서 많은 상자식 석관이 발견되었다.

치레본 유적의 석관묘

치레본 유적의 입석

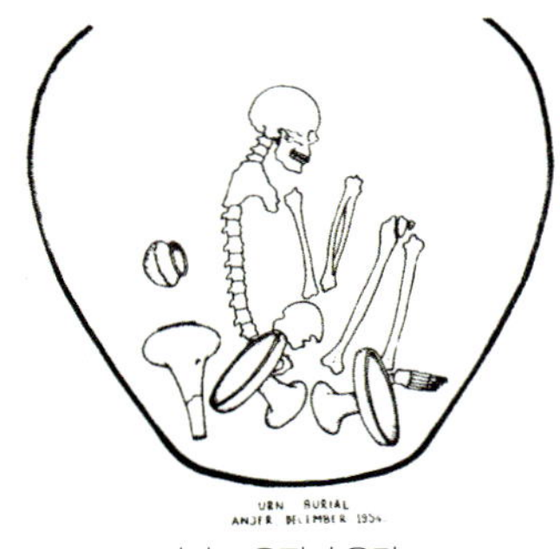

아냐르 유적의 옹관묘

아냐르 유적의 인골과 부장품

1968~1975년에 투굿·아스마르Teguh Asmar가 치레마이Ciremai 산에서 7곳의 매장유적을 발굴하여 방각도끼·석제 팔찌·토기 등을 발견한다. 일부 유적에서는 관외에서 청동도끼가 발견되었다. 일반적으로 상자식 석관은 초기금속기시대에 속하는 것으로 여겨지고 있는데, 이 치레본·쿠닌간 유적은 신석기시대 후기~초기금속기시대의 유적으로 추정되고 있다.

인도네시아의 초기금속기시대의 묘제는 지석묘·석관묘·옹관묘·토광묘 등이 있다. 지석묘는 고고학 연구에서는 다른 멘히르·석상·성혈 등과 함께 거석문화의 개념 안에서 분류되고 있고, 자바 전 지역의 곡창지대에서 발견되었다. 인도네시아의 석관 형태는 다양한데 평면이 장방형으로 양 끝이 가늘어지는 배 모양의 주형舟形 석관은 서부 자바에서는 그다지 발견되지 않았다. 게다가 석관묘는 한군데에서 밀집해서 발견되지 않고 각지에서 발견되는 것으로부터 일부 유력자만의 무덤이었을 가능성이 높고 일반 시민은 주형 목관을 사용해서 매장했다고 추정되고 있다.

옹관묘에는 1차 매장의 것과 2차 매장의 것이 있다. 1차 매장의 것은 서부 자바 북서단의 아냐르 유적과 중부 자바 북동단의 프라왕안Plawangan 유적이 알려져 있다. 아냐르 유적은 스쿤달이 조사하여, 토기, 옥류 등이 출토했다. 금속기시대의 유적으로 판명되어 1차 매장·2차 매장의 토광묘도 검출되었다. 그 밖의 옹관묘가 자바 서해안의 안자르에서 발견되었다. 1차 매장은 작은 매장 토기 안에 유골을 넣고, 그것을 다시 큰 옹관 안에 넣은 것이다.

현재까지 발견된 토광묘는 1차 매장에서는 서부 자바의 아냐르 유적, 중부 자바 북동부의 프라왕안 유적, 동부 자바의 부수키 지방 남부의 프굴Puger 유적, 중부 자바와 남부의 구눙·윙코Gunung Wingko 유적이 있다. 프라왕안 유적은 옹관묘와 중복해 합계 7기의 토광묘가 확인되었다. 모두 동일 방향을 취하는 신전장伸展葬

으로 매장되었다. 출토유물은 다양한 토기, 철제 무기, 동제 낚싯바늘, 유리구슬이 발견되었다.

소요노<sup>R. P. Soejono</sup> 박사는 동일 공동체에서의 중요 인물이 옹관묘를 사용한 무덤이고, 그 외의 일반 사람들이 토광묘에 매장되었다고 설명하고 있다. 지금까지 알려진 유적의 입지는 모두 해안가에 있는 점이 흥미롭다. 토광묘는 가장 간단한 매장 형태이기 때문에 어디에서도 발견될 가능성이 있다. 그러나 자바의 토광묘 유적은 해안부에서 주로 옹관묘와 중복해서 존재한다. 또한 1차 매장의 신전장의 경우 거의 모두가 해안과 평행해서 동일 방향으로 매장되어 있다.

인도네시아의 선사시대 유적의 대표적인 것은 주로 신석기시대 말기~ 금속기시대의 거석문화가 있다. 거석문화는 니아스, 플로레스, 숨바, 사부 등의 제도에서는 지금도 명맥을 유지하고 있다. 동남아시아에서 거석묘의 등장은 신석기시대 하이네·게르데른은 기원전 2,500~ 기원전 1500년, 고르만(C.F.Gorman)은 기원전 6,000년~기원전 1,000년의 후반부터 초기 금속기 문화 전 1,000년 전반~기원후 200년 또는 500년에 걸친 원시 사회가 급격히 발달한 시기에 출현한 것이라고 추정되고 있다. 하이네·게르데른은 방각 돌도

자바 섬의 선사유적도

석관묘 (반도와소)

지석묘 (반도와소)

가믈란 악단과 궁중무용(보로부두르)

끼 문화와 함께 거석 복합이 전파되어, 멘히르, 지석묘, 돌 좌석, 피라미드 신전, 거석 광장 등이 형성되어 그다음에 석관묘, 옹관묘 등이 출현한 것으로 추정하고 있다.

거석 신앙이나 벼농사 문화와 관련하여 벼의 신의 상징 데위·스리를 모시는 것은 선사시대에 시작했다고 한다. 그 밖에도 투계, 독특한 고상식 건축, 친족조직, 우주관<sup>산은 신들의 세계, 인간의 세계, 지하나 바다 악령의 세계</sup> 등은 인도문화의 전래 이전부터 있던 것으로 이것들은 거석문화 시대에 확립했다고 여겨지고 있다. 특히 조선숭배를 중심으로 하는 자연 종교는 아마 고대 인도네시아의 기층문화에 속하는 것으로 이러한 문화요소는 인도 힌두교의 영향을 강하게 받기 이전에 형성되었다. 정령 숭배<sup>애니미즘</sup>나 조상숭배, 혹은 농경 의례 등은 자바 선사시대의 문화양상을 반영하고 있다. 산간 고지에 있는 신당이나 영묘의 건축, 그림자극 '와양'과 가믈란 음악 등도 인도문화 전래 이전의 토착 문화라고 한다. 역사시대의 자바 독특한 예술 표현 양식은 기층문화 요소가 큰 비중을 차지하고 있다.

적석 기단 유구는 피라미드형 신전을 포함하여 서부 자바의 고원지방에서 많이 발견되었다. 구능 파당<sup>Padang</sup>은 그중에서도 가장 보존 상태가 좋다. 국립인도네시아고고학연구소와 소요노 박사와 바기요 박사가 정확한 실측과 발굴 조사를 했다. 그러나 아직 연대를 확정할 수 있는 출토 유물은 없지만, 지석묘가 발견되어서, 자바 섬 선사시대의 중요한 유적이다.

서부 자바의 고원지대에는 피라미드형 신전 및 매장유적이 많이 보고되었다. 남부 산지의 루맛 두휴르<sup>Lemah Duhur</sup> 유적은 산 정상에 5단 테라스 제사 유구<sup>제1단 50×65m, 높이 75cm, 제2단 45×50m, 높이 3m, 제3단 34×29m, 높이 4m, 건물터 2기, 제4단 35×35m, 제5단 부정형 적석총 2기</sup>가 확인되었다.

구눙 파당(열석과 지석묘)

보고르 동부의 치소칸<sup>Cisokan</sup> 강 유역의 치란장<sup>Ciranjang</sup> 유적에서는 피라미드 신전 유구토제 기단 26.3×13.5×0.6m, 적석 기단 20×7.5m, 제1단 7.5m, 제2단 8.2×7.5m, 제3단 7×4.5m, 높이 50cm, 멘히르 90×150cm, 제4단 7×6m, 높이 40cm가 확인되었다. 인도양 남서부 산지의 팡구얀간<sup>Pangguyangan</sup> 유적에서 5단 피라미드형의 적석 유구24×19m, 7단, 각 높이 70~90cm가 발견되었다. 투구구데<sup>Tugugude</sup> 유적에서는 다수의 멘히르와 석관묘가 발견되었다. 치아루차<sup>Ciarca</sup>

레벅 찌베도구의 피라미드 적석 유구

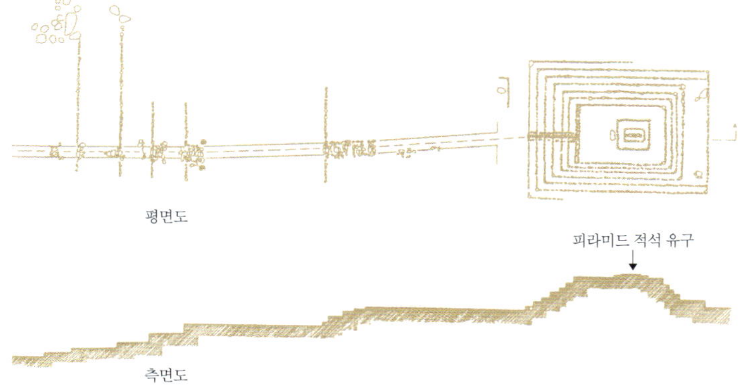



팡구얀간의 피라미드 적석 유구

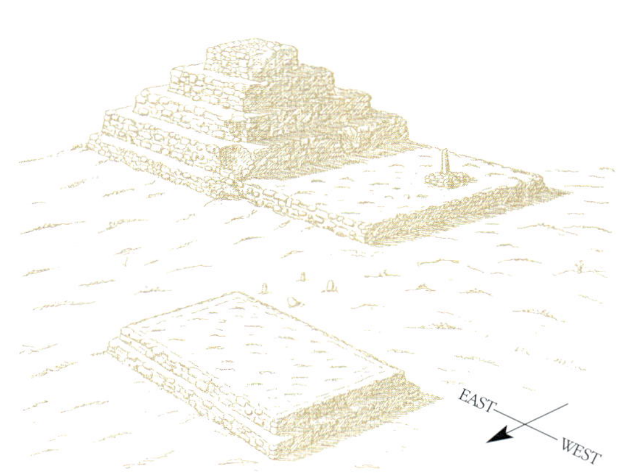

레벡 찌베도구의 적석 유구(Van der Hoop)

레벡 찌베도구의 입석

유적에서는 폴리네시아 양식의 석상 2구와 석관묘, 멘히르175×43cm가 확인되었다. 치콘동Cikondong 강의 지류의 산지에서도 많은 피라미드형의 적석 유구가 발견되었다. 레벡 찌베도구Rebak Sibedug 유적에서는 지석묘, 멘히르, 피라미드 신전 등이 발견되었다.

찬디 창쿠앙

찬디 창쿠앙의 시바상

서부 자바의 순다인이 세운 수장국 중에 가루 왕국이 있었다. 풍부한 물과 고원지대라는 점은 보고르의 수장국 입지와 일치한다. 서부 자바에서 유일하게 원형을 남기고 있는 사원이 찬디 창쿠앙이다. 반둥 동남쪽에 가룻의 창쿠앙호수 안에 사원이 있다. 1966년에 발견되어 기단만 남아 있었던 것을 1978년 국립인도네시아고고학연구소에서 복원했다<sup>기단 길이와 폭 4.5m, 높이 8.5m</sup>. 가루 왕국이 8세기 초에 세운 사원이다.

## 중부 자바기

8세기가 되면 폭발적인 종교 예술 활동이 중부 자바에서 시작된다. 이리하여 '힌두·자바예술' 전성기인 중부 자바기<sup>7세기 후반~10세기 초</sup>의 막이 오른다. 약 280년간 족자카르타를 중심으로 하는 중부 자바기의 역사는 남아 있는 사원과 유적과는 대조적으로 그다지 명확하게 알려지지 않았다.

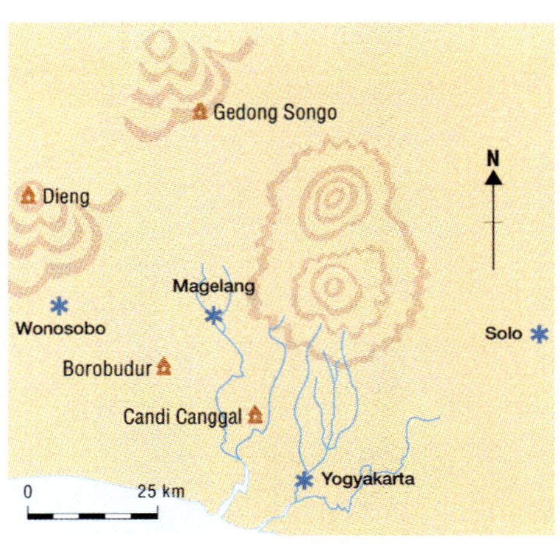


중부 자바의 사원유적도(700~775년)

자바 섬에서 7세기~15세기 비문이 1,000개 이상 발견되었다. 이러한 비문 연구에 의해서 5세기부터 인도화한 몇 개의 수장국이 있었던 것이 밝혀졌다. 즉 샤일렌드라 왕국 이전부터 몇 개의 소왕국이 존재했다. 당시 자바에는 '라마'라고 하는 장로가 운영하는 자립적인 공동체 '와메나'<sup>마을</sup>가 있었다. 이 와메나가 모여서 '라카'<sup>수장국</sup>를 만든다. 시간이 지나면서 라카는 세력 싸움을 통해서 강대한 연합 왕국을 건설한다. 몇 개의 지역에서 활거 하는 강력한 라카의 수장들은 힌두교와 불교를 받아들여 왕권을 강화해간다. 중부 자바의 샤일렌드라 왕국과 마타람 왕국도 라카에서 출발한다.

당나라<sup>618~907년</sup>의 문헌 사료에 태종 정관 14년<sup>640년</sup>부터 헌종 원화 13년<sup>818년</sup>까지 '각파<sup>闍婆</sup>, 파릉<sup>波凌</sup>, 가릉<sup>訶陵</sup>'이라는 나라가 10회 정도 조공한 사실을 기록하고 있다. '가릉'은 중부 자바에 있었던 샤일렌드라 왕조 혹은 마타람 왕조로 추정되고 있다.

중부 자바의 찬디 구능 우키르에서 732년 명이 있는 산스크리트어 비문이 발견되었다. 그 후 케두 분지에서 907년 명의 '카위어'고대 자바어 비문이 출토했다. 이 2 비문은 '산자나 및 산자야'라고 하는 부자를 시조라고 해서 시바교를 믿는 마타람 왕조산자야 왕조가 존재했던 것을 알 수 있다. 마타람 왕조 중심지는 케두 분지 안의 부미 마타람이다. 이 케두 분지에는 옥토가 많아 예부터 많은 사람이 살았다.

비문은 산자야 왕732~760년, 라카이 파낭카란 왕760~78C년, 라카이 파눙갈란 왕780~800년, 라카이 와락 왕800~819년, 라카이 가룽 왕819~838년, 라카이 피카탄 왕838~?, 라카이 카유왕이 왕863?~882년, 라카이 와투후마라 왕882~?, 발리퉁 마하 삼부 왕899~911년 등 9대째 왕명을 전하고 있다.

현재까지 연구된 비문을 종합하면 717년에 산자야 왕이 마타람 왕국을 건국한 것이 된다. 마타람 왕국을 창건한 산자야 왕은 시바신을 최고신으로 하여 많은 사원을 건립하고 8세기 중반에 서거한다. 그 후 라카이 피카탄 왕 시대에 마타람 왕국은 전성기를 맞이하고, 10세기 초에 멸망한다. 그러나 16세기에 또다시 이슬람 왕조인 마타람 왕조가 등장한다. 그 때문에 8세기 마타람 왕국을 고 마타람 왕국이라고 불러 16세기 이후의 신 마타람 왕국과 구별하여 부른다.

중부 자바에 많은 불교 사원을 건립한 것은 샤일렌드라 왕조이다. 샤일렌드라의 Saila는 '산', Indra는 '왕'이라는 의미이다. 샤일렌드라는 '산의 왕'이라는 뜻이다. 샤일렌드라의 이름이 최초로 등장하는 것은 찬디 카라산에서 출토한 778년의 비문이다. 찬디 카라산 가까운 쿠루라크에서 782년의 비문이 출토했다. 이들 2 비문은 8세기 후반에 샤일렌드라 왕조가 중부 자바를 지배했던 것을 입증하고 있다.

또 다른 비문에는 샤일렌드라 왕국이 탄생한 것은 742년이라는 기록이 있다. 비문을 통해서 마타람 왕국이 성립한 이후에 프람바난을 중심으로 샤일렌드라 왕국이 성립한 것을 알 수 있다.

중부 자바기의 비문 연구는 다음과 같이 정리할 수 있다. 우선 7세기 후반부터 8세기 초기까지는 산자하 및 산자야 부자에 의해서 시바교를 신앙하는 마타람 왕조가 케두 분지

비슈누(찬디 바논)

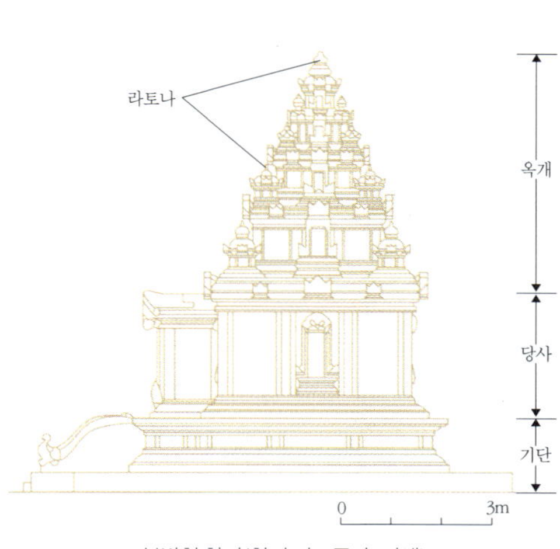

북방형 찬디(찬디 아르주나, 디엥)

북방형 찬디(그동 송고 1군)

를 중심으로 나라를 건국했다. 마타람 왕조가 발상지인 케두에 조영한 시바교의 중심적 사원이 찬디 바논이다. 찬디 바논 건립 시기는 770~780년경, 즉 마타람 왕조 제2대 왕 라카이 파낭구카란760~780년 때로 추정되고 있다.

마타람 왕조는 케두 지역에서 발상했지만 중부 자바 북쪽의 디엥이나 운가란의 산간부에 7세기 후반부터 힌두교 사원을 조영한다. 이러한 사원을 '북방형 찬디'라고 한다. 또한, 마타람 왕조는 남부의 프람바난에도 영향력을 갖고 있었던 것이《카라산 비문》에 기록되어 있다. 비문에는 마타람 왕조 제2대 왕 '파난구카란'의 이름이 보인다.

한편, 마타람 왕국 성립 이후에 등장한 샤일렌드라 왕국은 불교를 국교로 해서 단숨에 세력을 확장하여 힌두교 왕국 마타람을 지배한다. 더욱이 참파베트남, 크메르캄보디아를 공격하여 동남아시아의 해양 무역을 장악한다.

중부 자바에서 융성했던752년《푸룬푼간 비문》 대승불교의 샤일렌드라 왕조는 인도의 팔라왕조 문화를 도입하면서 처음에는 중부 자바의 프람바난에 정착하며 세력을 키워간다778년《카라산 비문》, 778년《라투 보코 비문》, 782년《쿠루라크 비문》. 찬디 카라산, 찬디 세우, 찬디 사리, 찬디 푸라오산 등의 많은 불교 사원을 프람바난 평야에 건립한다. 그와 동시에 북상해서 케두 분지에 진출하여 찬디 바논 가까운 곳에 찬디 믄둣, 찬디 누가웬을 조영한다. 그 후 샤일렌드라 왕국은 농업과 행상무역을 통하여 대제국이 된다. 샤일렌드라 왕조는 그 세력이 더욱 융성함에 따라서 찬디 믄둣을 증축하고 케두 분지 한복판에 보로부두르를 건립한다. 케두 분지의 불교 사

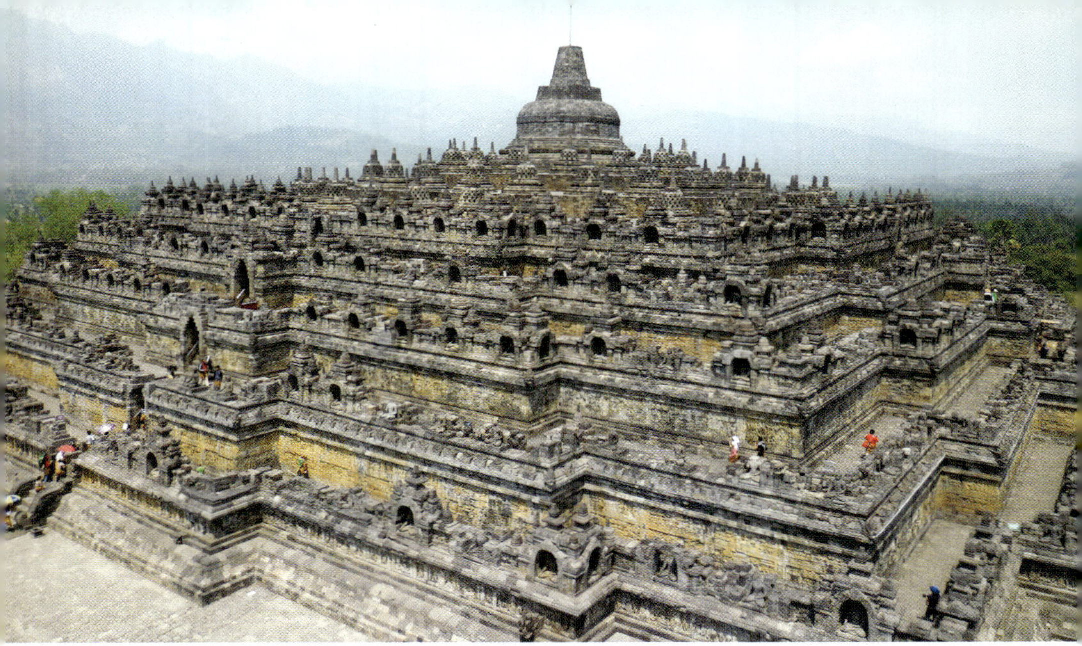
보로부두르(동북 방향에서의 항공촬영)

원은 샤일렌드라 왕조가 일부러 마카람 왕조 본거지 가까운 곳에 세운 과시용의 기념물영묘이다.

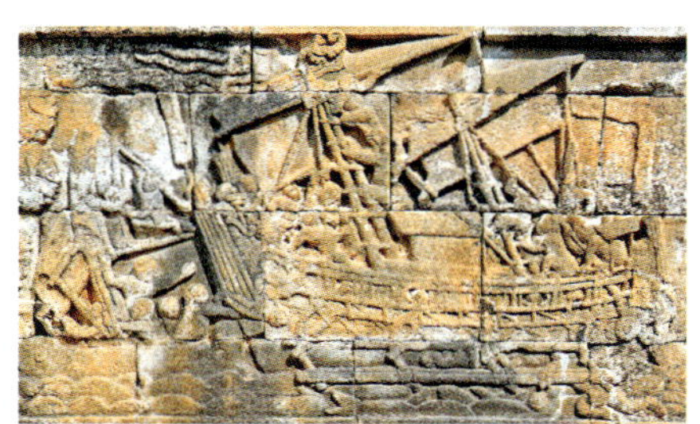

대형 범선(보로부두르)

케두에 세력을 굳힌 샤일렌드라 왕조는 보로부두르 착공 후에도 프람바난 평야 지대에 찬디 푸라오산, 찬디 카라산, 찬디 세우의 증축792년 등 불교 사원 조영에 주력했다. 하지만, 샤일렌드라 왕조는 마타람 왕조의 본거지로 여겨지는 케두 분지 북쪽 지방에는 진출하지 않는다. 한편, 마타람 왕조는 케두 분지에서 샤일렌드라 왕조의 영향을 받으면서 점차 불교 세력에 밀려서 주로 케두 북쪽 지역의 통치에 집중한다. 케두에 남겨진 찬디 바논과 찬디 구능 우키르는 불교가 융성함에 따라 그 후 폐사되어 소멸한다.

비문 연구로 당시 샤일렌드라 왕국을 통치하고 있었던 왕들의 이름은 다음과 같이 밝혀지고 있다. 752~775년의 '바누 왕', 775~782년의 '비슈누 왕'다루마퉁가 왕, 782~812년824년 비문의 '인드라 왕'상라마난자야 왕, 812~832년824년 비문의 '사마라퉁가

찬디 세우

왕', 835~856년의 '발라푸트라 데와 왕', 856년의 '푸라모다바루다니 여왕' 등 6명이다.

영토 확장을 열심히 했던 인드라 왕은 말라카 해협을 지배한다. 그는 사마라퉁가 왕자를 스리위자야 왕국의 공주와 정략 결혼시켜서 왕권을 강화한다. 사마라퉁가 왕은 인드라 왕의 후계자로 그의 치세에 보로부두르 조영이 시작된다. 사마라퉁가 왕은 보로부두르 완성을 보지 못한 채 숨을 거두고 그의 후계자로 발라푸트라 데와 왕이 즉위한다. 그 후 발라푸트라 데와 왕은 누나인 푸라모다바루다니 여왕과 권력 싸움에 패하여 폐위되어 외가인 스리위자야 왕국으로 망명한다.

하지만 지금도 '샤일렌드라 왕조를 세운 사람들은 어디에서 온 것일까?'라는 의문이 남아 있다. 8세기 당시 자바에는 힌두교가 일반적이었고 중부 자바에는 수장국라카이 연합하여 세운 마타람 왕국이 성립해 있었다. 그러나 샤일렌드라 왕국은 대승불교를 믿었다. 마타람 왕국은 가까운 곳에 이교도 세력이 결집하여 세운 샤일렌드라 왕국의 탄생을 그대로 보고만 있었던 것일까? 한나라 지배하에 고구려 건국이 얼마나 어려웠다는 것을 우리는 잘 알고 있다. 그래서 오랫동안 샤일렌드라 왕조는 수마트라의 쉬리위자야 왕국대승불교 출신설이 유력했다. 즉 샤일렌드라 왕국은 쉬리위자야 왕족이 건국한 나라로 추정되어 왔다. 그러나 그 후 샤일렌드라 왕국이 쉬리위자야 왕국을 침략한 것을 보면 양 왕조간의 혈연관계는 생각할 수 없다.

또 다른 가설은 캄보디아의 '부남국' 유래설이다. 부남扶南은 샤일렌드라와 같이 '산의 왕'을 의미한다. 또한, 부남국은 대승불교를 믿었다. 6세기 후반에 힌두교를 믿는 크메르인의 침략으로 7세기 전반에 부남국은 멸망한다. 그 부남국의 후예들이 바다를 건너 중부 자바에 정착하여 해상 무역을 통해 새로운 왕국을 건설했다는 것이 이 가설의 근거가 된다. 그 후 샤일렌드라 왕국은 크메르 왕국을 집요하게 공격하여 지배한다. 이것 또한 부남국 시대의 원한 관계로 해석하는 연구자가 많다.

크메르 왕조의 사신으로 보이는 인물상(찬디 푸라오산 로르, 남쪽 사당)

샤일렌드라 왕조와 크메르 왕조는 서로 깊은 관계를 유지하고 있었던 것은 역사적인 사실이다. 크메르 왕국의 왕자들이 유년기를 샤일렌드라 왕국에서 성장했다. 770년에 자바에서 귀국한 '자야바르만 2세'는 앙코르 왕조를 건설한다. 또 1명이 '자야바르만 7세'이다. 1199년에는 참파를 멸망시켜 앙코르 왕조 최성기를 만든 국왕이 자야바르만 7세이다. 자야바르만 7세도 자바에서 유년기를 보냈다. 찬디 푸라오산의 주실 안에 크메르 왕족으로 보이는 부조가 새겨져 있다. 이러한 샤일렌드라 왕국과 크메르 왕국의 관계는 백제와 일본과의 관계를 이해하는데 시사하는 바가 많다.

한편, 9세기 중반이 되면 마타람 왕조의 라카이 피카탄 왕과 샤일렌드라 왕조의 푸라모다바루다니 공주가 결혼하여 사실상 샤일렌드라 왕국은 마타람 왕국에 합방 당한다. 이러한 왕권 교체에 의한 변화는 샤일렌드라 왕국의 본거지인

찬디 카라산

프람바난 일대에서 현저하게 나타난다. 불교 사원인 찬디 푸라오산, 찬디 카라산, 찬디 세우의 인근에 대규모 힌두교 사원 찬디 로로 종그랑이 출현한다856년 이후. 이제까지 라카이 피카탄 왕은 간접적으로 샤일렌드라 왕가의 지배하에 있었다. 그 후 부인을 대신하여 권력을 잡으면서 그는 마타람 왕국을 부활시킨다. 샤일렌드라 왕국으로부터 권력을 탈취한 라카이 피카탄 왕은 그 권위를 과시하듯이 프람바난에 찬디 로로 종그랑을 건설한다. 이후 자바 왕조는 힌두교가 중심이 되고 불교 왕조는 등장하지 않는다.

더욱이 세계사에도 유례를 볼 수 없는 석조 대 사원을 건립한 조영 에너지가 10세기 초기 갑자기 소멸해 가는 것도 알 수 없는 수수께끼이다. 이러한 원인에 대해서는 여러 가설이 제기되었다. 1966년 삼비사리 마을의 지하 5m에서 화산재에 묻힌 사원이 발견되었다. 따라서 중부 자바 사원 건립의 쇠퇴 혹은 소멸은 화산 폭발이 직접적인 원인이었을 가능성이 크다. 또 하나의 이유는 찬디 로로 종그랑을 완성한 다쿠사 왕 이후 정권이 단명으로 끝난다. 마타람 왕조 라카이 와와 왕은 엄푸 신독을 보좌역에 앉혀서 화산 폭발에 의한 위난을 수습한다. 하지만 라카이 와와 왕 사후에 왕위에 오른 신독은 스리위자야 왕국의 침략을 대비하여 수도를 동부 자바로 옮겨 무당 카무란 왕국을 건국한다. 이렇게 마타람 왕국은 중부 자바에서 막을 내린다.

찬디 삼비사리

## 동부 자바기

　마타람 왕국 사람들을 자바 족이라고 부른다. 그들은 중부 자바를 버리고 동부로 이주한다. 중부 자바기의 종말에 이어지는 신독 왕 재위기인 10세기 전반부터 약 600년929~1530년간을 동부 자바기라고 부른다. 자바 역사 흐름에 따라서 동부 자바기는 ①10세기 신독 왕 재위기929~948년부터 1042년까지의 무당 카무란 왕조기, ②1042년부터 1222년의 크디리 왕조기, ③1222년에서 1292년까지가 싱고사리 왕조기, ④13세기 말부터 16세기 초기까지를 마자파힛 왕조기로 분류할 수 있다.

　이 시대를 동부 자바기라고 부르지만 실제로는 지역적으로 더 넓은 의미를 가지고 있다. 무당 카무란, 크디리, 싱고사리, 마자파힛의 4 왕조가 흥망성쇠를 했는데, 이들 왕국은 동부 자바를 벗어난 넓은 지역까지 지배했다. 지리적으로 인접한 발리 섬의 왕조가 동부 자바 왕조들과 밀접하게 교류를 하면서 힌두교 문화를 형성해 간다. 특히 마자파힛 왕조는 현재의 인도네시아 영토 전역을 지배하는 대 제국을 건설한다. 하지만 중부 자바기에서 볼 수 있었던 폭발적인 사원 조영 활동은 그다지 찾아볼 수 없다.

찬디 파나타란

　　동부 자바기의 정치·문화·예술의 중심 무대는 부란타스 강 유역 일대였다. 동부 자바의 '마하메루'로 여기는 페낭궁간 산을 비롯한 화산이 있고, 이들 성산은 신들의 보금자리로 많은 사원유적이 남아 있다. 부란타스 강 흐름에 따라서 동부 자바기의 수도였던 싱고사리, 크디리, 마자파힛, 와탕 마스가 있다. 부란타스 강과 신들의 보금자리가 어우러진 곳에서 자바 예술 제2의 황금기를 맞이하게 된다.

　　정치의 중심이 동부 자바에 이동한 것은 뜻하지 않은 자연재해와 외부 침략의 대비에 의한 것이었다고 한다면, 문화와 예술의 이동은 자연스럽게 진행했다. 다시 말해 동부 자바의 힌두교 문화 영향은 중부에서 동부로 정치적인 이동이 일어나기 이전부터 이미 시작되었다. 말랑 서북의 디노요에서 출토한 760년 비문은 중부 자바 왕조가 동부 자바에 영향을 끼치고 있었던 것을 알려준다. 중부 자바 사원 양식이 동부 자바의 여기저기에서 볼 수 있다.

　　동부 자바기 600년 간 인도네시아 문화 예술은 그 이전과 현저하게 다른 양상으로 변화해 간다. 중부 자바기의 사원과 조각은 인도 조형을 강하게 반영한 것이지만, 동부 자바기가 되면서 자바의 고유문화가 부활한다. 자바 동부 내륙 지방이 정치·문화의 중심이 되면서 자바 독자색이 현저하게 나타난다. 이러한 변화는 신들에게 봉헌하는 비문을 산스크리트어에서 자바어를 사용하는 것으로 시작한다.

인도 서사시《라마야나 이야기》는 찬디 로로 종그랑의 찬디 시바와 찬디 브라마 회랑에 부조되어 있다. 이들 회랑에 새겨진 부조는 인도 굽타 양식의 영향을 받은 것이다. 시간이 지나면서 이야기가 자바인에게 인기를 끌게 되자 인도의 서사시가 고대 자바어로 번역된다. 이러한 번역은 동부 자바기가 되면 인도의 원전에 따르지 않고 새롭게 자바 이야기로 각색된다. 예를 들면 라마야나의 라마와 시타, 마왕 라바나 등은 인도인이 아니라 자바인으로 탈바꿈한다.

수다마라 이야기(찬디 티고완기)

이러한 인도 문학은 힌두교를 학습하는데 사용되었는데 그것이 자바어로 번역되면서 여러 가지 변화가 생긴다. 이야기 배경, 인물은 물론 내용까지 완전히 자바 풍으로 모습을 바꾼다. 인도의 이야기가 자바 이야기로 바뀌면서 자바인이 이러한 작품에 열광하게 된다. 인도의 서사시는 그 후 문학, 연극, 무용의 주제로 인기를 끌면서 사원을 장식하는 부조로 새겨진다.

와양 극에 사용하는 가죽제 꼭두각시 인형은 매우 독특한 형태로 양식화한 것이다. 동부 자바기의 사

납치되어 유폐된 시타(찬디 시바)

원을 장식하는 부조는 완전히 '자바화한 표현'<sup>와양 양식</sup>이 되고 있다. 인도 원작의
신화를 주제로 하고 있지만, 등장인물은 독특한 와양 양식에 따라 새겨졌다. 동
부 자바기의 찬디 파나타란 주당 기단을 장식한 라마야나 부조가 그 전형적인
예이다. 같은 라마야나를 주제로 하는 찬디 로로 종그랑 부조와 비교하면 자바
예술의 전기와 후기의 양식 차이를 확실하게 알 수 있다. 이러한 인도네시아 고

납치되어 유폐된 시타(찬디 파나타란)

유문화의 재창조야말로 동부 자바기 문화예술의 가장 현저한 특징이다.

동부 자바 문학과 예술은 인도의 영향에서 일탈한다. 그와 더불어 건축과 조각에서도 인도적인 요소를 배제하고 자바 고유문화를 부활시킨다. 중부 자바기 조형은 기념비적인 역동 감을 느낄 수 있지만, 동부 자바기 조형은 민예적인 친근감이 있다.

찬디 수쿠

15세기가 되면 이슬람교가 세력을 확장하는데, 한편 오지 의 산악 지대에서는 선사시대 기층문화가 힌두교와 융합하 여 매우 특수한 사원이 탄생한 다. 예를 들면 중부 자바의 찬 디 수쿠와 찬디 체토 같이 산 사면에 계단식으로 부지를 조 성하여 가장 높은 곳에 피라미 드 신전을 조영한다. 15세기

찬디 체토

이후 자바 섬은 이슬람교가 성행한다. 라우 산의 피라미드 신전 유적은 힌두교 문화가 쇠퇴하는 것에 비례해서 고유문화가 다시 소생하는 동부 자바기 말기의 '힌두·자바 사원' 종말기 상황을 전해주고 있다.

# Ⅱ. 자바의 사원

### 자바의 찬디

　　동남아시아 예술의 주류는 힌두교와 불교라 할 수 있다. 물론 원시신앙에서 만들어진 많은 신당과 조각에 의해서 동남아시아 예술이 복잡하고 다채롭게 형성해 온 것은 말할 필요도 없다. 그러나 세계 미술사 안에서 동남아시아 예술을 보면 힌두교와 불교가 기본을 이루고 있다. 왜냐하면, 힌두교·불교는 동남아시아 전역에서 1,000년 이상 고대·중세사의 중심 사상이었다.

　　인도의 힌두교와 불교가 동남아시아 도서부에 영향을 끼친 곳은 주로 수마트라, 자바, 발리였다. 그 밖에도 롬복, 술라웨시, 칼리만탄의 연안부에도 힌두교와 불교가 전래한다. 하지만, 역사적으로 자바와 발리를 제외하면 힌두교와 불교는 인도네시아 제도에 그다지 큰 영향을 끼치지 못했다. 따라서 오래된 인도네시아 사원을 '자바의 사원'이라고 해도 큰 문제가 되지 않는다.

　　자바 섬의 힌두교와 불교를 기본으로 하는 종교 예술을 일반적으로 '힌두·자바 예술'이라고 한다. 이러한 자바 예술을 상징적으로 특징짓는 것이 '찬디'<sup>사원</sup>이다. 찬디는 자바어로 '신·불에게 바쳐진 건조물을 가리키고 사원, 사당, 신당'으로 번역된다. 발리에서는 사원을 '푸라'라고 부른다. 찬디의 어원에 대해서는 인도 산스크리트어에서 유래한다는 설, 발리 섬의 제물을 뜻한다는 설, 시바 배우

"

사지원 사원과 이슬람교 사원(프람바난)

자인 죽음의 여신 두르가의 별명 찬디카<sup>Candika</sup>에서 유래한다는 설이 있다. 하여튼 찬디의 종교적 의의는 '죽음'<sup>영묘</sup>과 '신'에 결부한다. 자바와 발리의 사원 명칭이 다른 점은 앞으로 양 지역의 종교사를 연구하는데 많은 문제를 제기하고 있다.

자바의 역사 유산은 석재 건축과 석재 조각이 주가 된다. 다시 말해 인도네시아의 사원과 예술은 석재 사원과 석상을 의미한다. 이러한 점에서 인도네시아의 사원과 미술은 '자바의 찬디'와 같은 의미로 보아도 좋다. 15세기경이 되면 수마트라나 자바의 지배적 종교가 이슬람교로 교체하여 자바의 사원은 그 종교적 기능을 잃고 유적지로 변해간다.

서아시아의 해상 교역에 활약한 아랍인과 인도인 등 이슬람교도들이 8세기에 말루쿠 해협에 거주하기 시작한다. 이슬람교가 9세기에 수마트라 서부 아체에 전래했다고 하지만, 확실한 이슬람교 전래의 역사 자료는 13세기 말경이다. 항구도시 아체의 이슬람교화를 전하는 마르코 폴로의 『동방견문록』이 있다.

그 후 15세기에 들어가면서 주변 지역의 이슬람 화가 진행되어 말루쿠 왕국 5대 왕인 무자 팔샤<sup>재위 1445~59년</sup> 이후 이슬람교가 성행한다. 정화의 '남해 원정'<sup>1405~33년</sup>이 끝나면서, 인도에서 이슬람 상인의 인도네시아 진출이 시작한다. 이슬람교를 공통으로 하는 국제 교역 망이 동남아시아에서 세력을 확장하여 그물망 같은 상업권을 형성한다. 수마트라에서 자바에 진출한 이슬람교는 이 같은 교역 루트와 밀접한 관련이 있다.

인도네시아 사원의 역사는 자바 고대사에 대응시켜서 크게 2기로 나눈다. 우선, 정치와 문화의 중심이 중부 자바에 있었던 8세기부터 10세기 전반까지를 '중부 자바기', 10세기 전반부터 16세기 전반까지를 '동부 자바기'로 분류한다. 수마트라와 발리에도 사원이 있지만, 본서에서는 자바의 사원유적을 중심으로 소개한다.

동남아시아의 종교적인 건축물은 그것이 불교 사원이든 힌두교 사원이든 간에 '차이티야'caitya, 예배 공양의 대상물. 스투파, 불상 혹은 힌두교 신상을 안치하는 사당 '차이티야 그리하'caitya grha, 승방인 '비하라'vihara로 분류할 수 있다.

동남아시아 세계는 오랫동안 인도와 중국의 영향을 받았다. 그러나 자바 사원은 인도나 중국에서 볼 수 없는 독자적인 것으로 '청출어람'이라는 말이 무색하지 않게 인도 예술을 훨씬 뛰어넘는 수준 높은 것도 적지 않다. 자바의 종교 건축을 총칭하여 '찬디'라고 부른다.

찬디의 특징은 화산암 석재를 높이 쌓아 올린 누적 구조라는 점이다. 또한, 그 내외부에 다양한 조각이 새겨져 전체적으로 매우 조소적이다. 현재 남아 있는 찬디를 그 종교적 성격 및 구조에서 ①사당형 찬디, ②스투파, ③승원형 찬디, ④그 밖의 찬디 등 4종류로 분류할 수 있다.

자바 사원의 대부분은 '사당형 찬디'99%이다. 따라서 이러한 형태의 사원을 '기본형 찬디'라고도 한다. 자바의 찬디는 원래 영묘에서 출발하여 후에 신상을 안

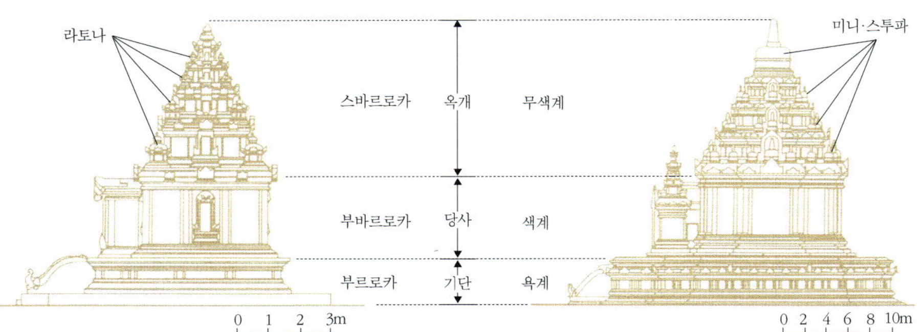


사당형 찬디(힌두교 사원 찬디 아르주나와 불교 사원 찬디 믓듯)

치하는 사당형 찬디로 변천한다. 찬디에는 크게 불교 사원과 힌두교 사원이 있지만, 건축 구조는 양자가 구별할 수 없을 정도로 유사하다. 사당형 찬디는 좌우로 대칭하는 평면 구조를 하고 있다. 중심의 주실 안에 신·불을 안치하는 비교적 좁은 내부 공간을 가지고 있다. 입체적으로는 기단, 방형 당사身舍, 옥개로 구성되어 있다.

찬디는 원래 왕수장의 유해를 안치하여 그 영령을 모시는 장소였다. 그 때문에 매우 신성한 건물로 다른 건축과 구별하기 위해서 입구 상부에 귀면의 '카라'가 부조되어 있다. 건물 내부에 악령이 들어가지 못하도록 만들어진 부적의 일종으로 카라가 찬디 건축의 가장 큰 특징이다.

카라 · 마카라 장식(그동 송고 2군)

사원 입구 위에 카라를 장식하는 것은 인도, 스리랑카에서 전래하여 자바 사원의 주요한 장식 문양이 되며, 그 후 앙코르 유적에서도 채용된다. 원래 사자 머리에서 유래하는 소형 카라바나스파티는 인도 사원의 문 장식이었다. 이러한 장식이 자바에 전래하면 큰 귀면으로 변형한다.

중부 자바에서 성립한 귀면은 인도의 카라와는 달리 사원 입구를 귀면 입으로 하여, 문 위에 카라 부조를 새기고, 문 밑에 마카라 장식을 한다.

마카라는 자바 사원 입구 하단에 장식되는 표상 동물이다. 마카라는 빗물을 밖으로 내보내는 배수관의 기능을 하고 있다. 마카라 장식도 인도에서 유래하고, 일반적으로 뱀 혹은 악어의 형상을 하고,

마카라 장식(보로부두르)

입안에 사자와 새 등의 부조가 새겨져 있다.

카라·마카라 장식은 사원 입구뿐만 아니라 당사 안의 아치형 감실 장식에도

사용된다. 이러한 자바의 카라 장식은 힌두교 전래 이전의 수장 집 혹은 신당 장식에서 유래한다. 이 수장신당 집 입구 위에 괴물의 머리를 장식하여, 악귀를 물리치거나, 특정한 사람만이 출입하는 풍습이 지금도 일부 오지 마을에 남아 있다.

승원형 찬디는 중층 직사각형 평면을 하고 대개 몇 개의 승방과 창문이 있는 건축이다. 당사는 함형函形의 입방체로 내부에 실내 공간이 만들어져 승려가 거주하는 공간이다.

당사 평면은 기단보다 작게 해서 그 외주에 회랑을 만든다. 이 회랑을 참배자는 당사 안에 들어가기 전에 경건한 마음으로 시곗바늘 방향으로 도는 것이 관례이다. 우리나라 불교의 탑돌이 의식과 유사하다.

가장 단순한 당사는 정면 계단 위에 전실과 주실이 있는 형태이다. 외벽 중앙부에 감실이 만들어져 신상을 부조한다. 4면이 '십十자형'으로 돌출한 평면 구조를 하고 있으면, 정면의 전실과 주실, 다른 3면의 측실에도 신상이 안치된다.

옥개 구성은 3층 계단식 피라미드이다. 중부 자바와 동부 자바의 옥개 형태는 상당한 차이가 있다. 중부 자바의 옥개는 각층이 단마다 급격하게 축소되어 수평선을 강조하고 있다. 동부 자바의 옥개는 단마다 축소 차가 적고, 방추형의 첨탑 형태로 만들어져 있다. 옥개 중심 정상에 힌두교 사원은 '라토나 장식', 불교 사원은 '장식 스투파'상륜을 얹어놓는다.

사당형 찬디 주실과 측실의 벽에는 일반적으로 감실이 마련되어 있어 각종 신상이 안치된다. 주실에 안치하는 주존 대좌 아래에는 석실이 만들어져, 그 안에 '푸리피이'라는 부장품이 비장된다. 푸리피이는 각종 금속 장식의 부장품으로 자바 찬디가 분묘에서 유래하는 것을 알려준다.

스투파불탑도 원래 석가의 무덤에서 기원한다. 따라서 스투파는 불교 특유의 건조물이다. 불탑은 내부 공간을 가지지 않는 중후한 조소적인 외관을 하고 있다. 순수한

불탑(찬디 푸라오산 로르)

불탑 형 찬디는 자바에서 그다지 볼 수 없다. 보로부두르에서 점토 제의 소형 불탑이 발견되었다. 보로부두르에도 불탑을 공양하는 부조가 있어, 자바에도 인도형의 불탑이 많이 있었던 것을 알 수 있다. 그러나 자바의 불탑은 석재보다 벽돌로 만들어졌다. 석재 불탑은 찬디 푸라오산, 찬디 세우, 찬디 반유니보 등 일부 사원밖에 남아 있지 않다. 사원 건축의 옥개 장식으로 사용하고 있는 스투파는 불탑 형 찬디와 구별하기 위해서 '장식 스투파'라고 한다.

비하라는 승려들이 수행하는 승원<sup>승방</sup>이다. 힌두교에서는 이러한 건축은 필요 없어 이 또한, 불교 특유의 건물이다. 중부 자바 프람바난의 찬디 사리와 찬디 푸라오산 이외에는 그다지 남아 있지 않다. 원래 비하라<sup>승원</sup>는 대부분 목조건축이었다고 생각한다.

인도에서 많이 볼 수 있는 석굴사원은 자바 섬에서는 그다지 볼 수 없다. 고온다습한 열대성 기후 때문에 많이 만들어지지 않은 것 같다. 이외의 잡다한 종교 건조물을 일괄해서 그 밖의 찬디로 분류한다. 자바에서는 단순한 사당이나 영생불사의 성수를 숭배하는 목욕장을 찬디라고 부른다. 용천수 찬디는 중부 자바의 찬디 체토, 동부 자바의 찬디 파나타란, 찬디 베라한, 찬디 자라툰다, 찬디 티크스가 그 대표적인 유적이다. 스투파, 비하라, 석굴사원, 목욕장, 신전 등의 종교 건조물도 넓은 의미로 찬디라고 부른다.

찬디 자라툰다

찬디는 건물이 단독으로 고립해서 세워진 것만이 아니라 복수 혹은 다수가 무리를 이루는 사원 군을 총칭한다. 이러한 복합 사원 군도 찬디라고 한다.

건축적으로 자바의 찬디는 강한 대칭성과 극히 조소적인 인상을 준다. 이러한 건축 구성은 찬디가 힌두교 또는 불교의 세계관<sup>우주관</sup>을 그 정신적 배경으로 하여 성립했기 때문이다. 바꾸어 말하면 찬디는 신과 사람과의 관계의 기본이 되는 우주관을 구상적으로 표현하고 있다.

## 찬디와 우주관

찬디는 힌두교나 불교의 특성을 가장 잘 나타내는 예술 표현이며, 사회 생활 및 정신 활동의 중심이 되는 가장 중요한 공간이다. 찬디는 그것을 세운 사람들의 종교적 이상이나 삶의 태도를 반영하고, 인간과 신을 연결하는 역할을 해왔다. 찬디를 이해하기 위해서는 그것을 낳은 우주관을 이해할 필요가 있다.

인도인의 우주는 4각형으로 산과 바다로 둘러싸여 있다고 믿는다. 중앙에 세계의 축이 태양까지 우뚝 솟아있고, 그 축은 땅속 깊이까지 파고 들어가 있다. 우주는 신체를 닮아 바위는 뼈, 강은 피, 바람은 숨이다. 이것을 모체로 인도의 사원 건축 및 미의 규범이 정해진다. 사원은 천상계에서 지상으로 옮겨온 복제품이다. 따라서 사당은 천상계와 비슷하게 만들지 않으면 안 된다. 그 중앙에는 신의 보금자리, 성스러운 산, 세계의 축인 신당을 세운다. 이 신당 주변에 4개의 산이 둘러싸고 그 밑에 대해가 펼쳐져 있다.

힌두교도들은 신이 사는 우주의 산을 '마하메루'라고 한

찬디의 구조와 힌두교의 우주관(그동 송고 3군)

다. 마하메루는 신비로운 신의 보금자리로 사원은 지상에서 신이 임시로 거처하는 곳이다. 힌두교에서 우주는 '부르로카'Bhurloka, '부바르로카'Bhuvarloka, '스바르로카'Svarloka의 3개 영역으로 나누어져 있다. 부르로카는 인간계의 영역을 의미한다. 부바르로카는 청정무구의 영역으로 사람과 신이 공유하는 세계이다. 스바르로카라는 무형의 추상적인 신의 영역을 뜻한다. 다시 말해 우주에는 인간 생활하는 영역, 현세를 초월한 유형의 영역, 최후에 신자와 절대자가 융합하는 무형의 영역인 소위 3계가 있다.

대승불교의 우주론에도 3계 사상이 있다. 우주에서 인간이 생활하는 영역인 '욕계'Kamadhatu, 현세를 초월한 유형의 영역 '색계'Rupadhatu, 신자와 석가가 융합하는 무형의 영역 '무색계'Arupadhatu이다.

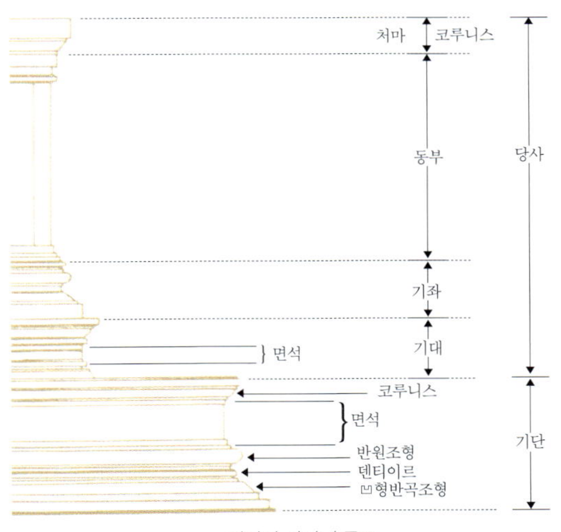

기단과 당사의 구조

찬디는 힌두교 혹은 대승불교의 우주관을 구상화하여 표현하고 있다. 건축적으로는 기단욕계, 당사색계, 옥개무색계로 만들어져 있다. 가람의 평면 구조도 제1의 전원Jaba, 욕계, 제2의 중원Jaba Tengah, 색계, 제3의 내원Jeroan, 무색계으로 구성되어 있다.

기본적인 찬디 형태는 부르로카욕계에 해당하는 기단은 단순한 정방형이다. 초기의 기단은 높이가 낮은 1층이었는데 그 후 시간이 지나면서 2중 기단으로 변화한다. 기단 2층 부분을 기대 혹은 기탁으로 구분하는 연구자도 있다. 동부 자바기가 되면 2층의 기단은 2~3m까지 높아져 그 벽면에 부조 이야기를 장식한다. 기단 정면의 돌출부에 계단을 만들어 참배자를 지상에서 신비한 세계색계로 인도한다.

일반적인 사당형 찬디의 기단 위에는 방형 당사가 세워진다. 수마트라와 동부 자바에는 원통형인 당사도 있지만, 기본적으로 방형 혹은 십자형이다. 한국어 미술백과사전에는 당사堂舍를 일본 서적을 따라서 신사身舍로 소개하고 있다. 불탑을 기단, 탑신, 상륜으로 구분하지만, 신사라는 말은 우리말에 없어 편의상 기단과 옥개 사이의 건축 구조물을 당사라고 표기한다.

당사는 일반적으로 함형의 입방체로 내부에 실내 공간이 만들어져 있다. 사방의 기단 위는 당사를 돌아볼 수 있도록 외주에 회랑이 만들어져 있다. 이 회랑은 참배자가 주당에 들어가기 전후에 경건한 마음으로 시곗바늘 방향으로 순례한다3주, 7주, 14주, 108주. 그 때문에 당사의 측벽에는 아름다운 부조가 새겨지고 측벽 감실에 신상이 안치되어 있다. 단순한 형태의 당사는 전실과 그 뒷면에 주실을 만들어 신상을 안치한 것이다. 그 후 9세기 이후에는 당사 외벽을 십자형으로 돌출시켜서 계단과 실내 공간을 사방에 배치한 형태로 바꾼다. 이러한 형태의 당사는 한층 발달한 구조로, 사방의 실내 공간에는 시바교의 여러 신상이 안치된다.

방형 당사 위에 옥개가 있다. 옥개의 기본 형태는 하층에서 상층으로 축소하는 3층~5층의 피라미드형이다. 옥개는 신의 주거 마하메루의 산용을 상징적으로 표현한 것이다. 마하메루는 중심의 정상상륜을 둘러싸서 한단 낮은 곳에 4개의 봉우리, 더욱 바깥쪽 밑에 4개의 작은 봉우리가 주산을 둘러싸고 있다.

보로부두르를 탑형 찬디찬디 보로부두르 혹은 불탑으로 분류하는 연구자도 있지만, 정확하게 말하면 보로부두르는 찬디사원 혹은 불탑이라고 할 수 없다. 그것은 같은 유형의 사원과 불탑이 인도 혹은 그 밖의 불교문화권에서 찾아볼 수 없기 때문이다.

찬디 건축구성의 기단, 당사, 옥개와 가람의 외원, 중원, 내원의 구조는 힌두교와 불교의 우주관인 삼계욕계, 색계, 무색계를 구상화한 것이다.

## 찬디의 형태

서부 자바기의 사원은 거의 남아 있지 않다. 그 때문에 정확한 찬디의 형태를 알 수 없다. 중부 자바와 동부 자바의 현재 남아 있는 찬디에 따라서 그 형태를 분류하기로 한다. 중부 자바의 서북부 산간 지대, 케두 분지, 동남쪽 프람바난 평야에 걸쳐서 크게 3 지역에 대규모 찬디가 집중적으로 조영되었다.

플라우 산 남쪽 디엥 고원과 운가란 산 서쪽 사면의 화산 지대 그동 송고힌두교사원에 사원이 세워진다. 마타람 왕조가 중부 자바에 세운 가장 초기의 사원들이다.

아르주나 사원 군(디엥 고원)

그 후 이 화산 북쪽을 경계로 서쪽에 슨도로 산과 슨빈 산, 동쪽에 메르바부 산과 메라피 산으로 둘러싸인 케두 분지 안에서 힌두교와 불교 사원이 조영된다. 푸로고 강, 엘로 강이 흐르는 케두 분지는 예부터 자바의 정원이라고 불리는 곡창 지대였다. 케두 분지에서는 마타람 왕조가 처음에 힌두교 사원을 세우고 그 후에 샤일렌드라 왕국이 불교 사원을 건립한다.

북방형 찬디(그동 송고)

마지막으로 활화산 메라피 기슭에서 남하하여 인도양으로 흐르는 오펙 강 유역의 프람바난 평야에 불교 사원과 힌두교 사원이 건립된다. 프람바난의 사원들은 처음에 샤일렌드라 왕국이 불교 사원을 세우고 그 후에 마타람 왕국이 힌두교 사원을 세운다.

물론 당시의 사원은 중부 자바의 3 지역 이외에도 중부 자바기의 사원이 존재하지 않는 것은 아니다. 중부 자바기라고 하는 것은 어디까지나 시대 구분이며 그 시대의 정치·문화의 중심으로 사원이 압도적으로 많은 것에 의해서 명명된 시대 구분이다.

중부 자바기 찬디 형태는 보로부두르를 제외하면 대부분 '사당형 찬디'이다. 극단적으로 표현하면 우리나라 석탑과 형태가 유사하다. 물론 사원에는 금당과 강당과 같은 시설도 있었지만, 현재 거의 남아 있지 않다. 중부 자바기 사원은 '북방형 찬디'와 '남방형 찬디'로 대별된다.

북방형 찬디는 중부 자바 주 북부의 고원 지대에 점재하는 사원들이다. 7세기~8세기 남인도 힌두교 사원의 영향에 의해서 성립한다. 이들 북방형 찬디가 최초로 자바에 세워진 곳은 해발 2,000m의 디엥 고원과 1,000m의 운가란 산의 고원 지대이다. 이것은 산악 지대에 신당을 만드는 자바인의 선사시대 문화와 깊은 관련이 있다. 이러한 찬디는 대부분이 시바교 사원이다. 자바 시바교 찬디는 고유의 조상숭배와 깊게 결부하고 있다. 선조 상을 신당에 안치하여 모시는 조상숭배는 그 후 왕과 왕비의 초상을 힌두교 신상 형식으로 만들어서 찬디에 안

공문(보로부두르)

치하는 형태로 바뀐다.

인도 힌두교와 불교는 인도네시아 서쪽에서 동쪽으로 전파한다. 당연히 시대적으로 서부 자바가 동부 자바보다 선행하여 일찍부터 인도문화가 전해진다. 하지만, 7세기 이전 사원유적과 유물이 서부 자바에서 그다지 발견되지 않는 수수께끼가 남아 있다. 적어도 5세기<sup>인도문화의 전래는 기원 전후로 추정되고 있다</sup>에 힌두교와 불교는 자바에 전래되는데 왜 서부 자바에는 사원유적이 거의 남아 있지 않는지 아직도 명확히 알려져 있지 않다. 하지만, 자바의 사원과 문화에서 힌두교와 불교라는 종교를 초월해서 자바 선사시대의 토착문화가 계속적으로 일관해서 명맥을 이어왔다는 것을 명백히 알 수 있다.

공문(찬디 누가원)

남방형 찬디는 케두 분지 및 프람바난 일대의 사원을 말한다. 북방형 찬디와 남방형 찬디는 기본적으로 그 구조가 같지만, 건축적으로 약간의 차이가 있어, 편의상 분류한 것에 지나지 않는다. 그 약간 다른 부분은 다음과 같다. 케두 분지 찬디의 평면은 기본적으로 북방형과 같은 방형으로 당사 정면에 전실과 계단을 가진 형식이 많다. 그 대표적인 사원이 찬디 믄둣과 찬디 파온이다. 찬디 누가원과 찬디 사지완은 전실 대신에 공문을 만든 예도 있다. 공문 혹은 전실은 북방형 찬디에서는 그다지 볼 수 없는 구조이다.

프람바난의 사원은 전실 이외 다른 3개의 측면에 실내 공간이 만들어져 있다. 일부 예외가 있지만, 동서를 정면으로 하고 있다. 십자형 평면으로 기단의 계단도 정면뿐만 아니라 사방 각 측실에 만들어진다.

이러한 '십자형 찬디'는 한층 발전한 형태의 건축 공간이다. 물론 십자형 찬디는 초기의 북방형 찬디 위에 후대에 증축 혹은 개축한 것들이다. 찬디 가라산과 찬디 세우가 그 대표적인 사례이다. 건축 규모도 북방형 찬디에 비해서 규모가 훨씬 크고 높아진다. 또 기단과 당사의 측벽, 벽감과 출입구의 벽면에 새겨진 부

찬디 로로 종그랑

조, 혹은 주실, 측실, 벽감에 안치된 신상 등이 건축과 일체화하여, 찬디 자체가 하나의 아름다운 조각처럼 치장되었다.

프람바난의 시바교 최대 사원인 찬디 로로 종그랑은 보로부두르와 함께 자바 예술의 쌍벽을 이룬다. 블록 형의 석재를 쌓아올려서 그 전체 세부에 장식을 조각한 사원은 그 장대한 아름다움이 세계적으로 높이 평가받고 있다. 그러나 찬디 로로 종그랑은 북방형 찬디 및 남방형 찬디의 어느 것과도 그 형태가 다르다. 그래서 중부 자바 사원이 후대의 동부 자바기로 변천하는 특이한 이행기 행태라고 할 수 있다. 이러한 사원 건축은 동부 자바와 캄보디아의 앙코르 유적의 원형이다. 중국과 우리나라는 큰 자연 암석에 마애불을 새기고 사원을 조영했는데, 자바에서는 가공한 석재를 쌓아올려서 사원을 만들고 그 내외부에 조각을 새겨 놓고 있다.

힌두교의 브라만 승들은 결혼을 하여 각자 가정을 가지고 있기 때문에 사원 안에 특별히 거처를 마련할 필요가 없다. 하지만, 불교 승려들은 출가를 하기 때

찬디 푸라오산

찬디 사리

문에 사원 안에 수행할 수 있는 공간이 필요하다. 이것이 바로 힌두교 사원과 불교 사원이 가장 다른 점이다. 신당과 불당은 양 종교가 절대적으로 필요한 공간이다. 하지만, 강당과 승방은 불교에서만 필요한 건축 시설이다.

'비하라'승원 유구가 프람바난에 현존하고 있다. 찬디 사리와 찬디 푸라오산이 대표적인 비하라 유적이다. 이러한 승원은 프람바난 이외에서는 거의 발견되지 않았다. 그래서 일부의 연구자들은 이제까지 비하라로 알려진 찬디 사리, 찬디 푸라오산을 '경장'서고으로 보는 견해도 있다. 같은 유형의 찬디는 힌두교 사원에서는 찾아볼 수 없다. 주로 승려가 거주했던 승원은 일반적으로 목조 건축이었다. 오래된 목조 건축의 사원은 현재 남아 있지 않지만, 보로부두르와 찬디 로로 종그랑의 많은 부조에서 확인 할 수 있다. 보로부두르 북서쪽의 넓은 대지에 많은 목조 건물이 있었던 것이 발굴 조사에 의해서 밝혀졌다.

찬디 사리 내부

대체로 중부 자바기 사원은 인도의 영향이 남아 있다. 하지만, 자바 특유의 강렬한 활력이 넘쳐흐르는 아름다움이 존재한다. 또한, 각종의 석재 가공 기법에 의해서 높이가 폭에 비해서 낮은 수평선을 강조하고 있다. 기념비적인 인상보다도 장중한 맛이 있다. 건축 자재로는 안산암이 주로 사용되었다.

중부 자바의 찬란한 사원은 세계사 안에서도 그 유례를 볼 수 없다. 보로부두르와 찬디 로로 종그랑만을 보아도 세계문화유산 중에서도 그 장대함과 훌륭함은 쉽게 감지할 수 있다. 그러나 중부 자바의 이러한 폭발하는 것 같은 종교적 조영 에너지는 10세기 초기에 갑자기 소멸한다. 그 원인에 대해서는 여러 설이 제시되어 있지만, 피와 땀으로 정성껏 세운 신성한 사원이 방치하는 것은 보통 이유가 아니었을 것이다.

어떠한 이유에서든 종교 건축은 그것이 가령 아름답고 영원한 것이라 해도 손상해가는 것은 당연하다. 관리가 안 되는 사원은 황폐하저 간다. 제일 먼저 목조 건물들이 무너지거나 파손해 갔을 것이다. 그다음 청동제 신상이 부식하고 다공질 화산암을 사용한 석조 건축의 옥개지붕, 당사 순으로 무너진다. 남아 있는 사원

의 석재 자체도 고온다습한 기
후 때문에 급격하게 풍화해 갔
다. 빈발하게 일어나는 지진은
석재로 높이 쌓아올린 누적 구
조를 무너트린다. 화산 폭발에
의한 화산재는 기능을 잃어버
린 종교 건축물 위에 쌓여
간다.

1984년 발견 당시의 보로부두르(J.G. Newman)

　세계 최대의 불교 유적 보로부두르도 화산재 안에서 발견되었다. 화산과 지진
으로 파괴된 사원은 몇 년이 지나지 않아서 강한 번식력을 가진 열대 식물이 뿌
리를 내려 주변 일대가 밀림으로 변한다. 그리고 일부 남아 있는 석재는 사람이
도로나 집을 짓기 위해서 건축재로 사용한다. 서부 자바의 오래된 사원 석재는
그 땅에 처음으로 이슬람교를 전파한 이슬람 순교자의 묘석으로 사용되었다. 자
바의 많은 사원들이 원형으로 완전히 복원할 수 없는 것은 이처럼 석재의 2차적
인 전용이 큰 원인의 하나가 되고 있다.

　자바의 찬디가 유적지로 바뀐 것은 사원이 그 종교적 기능을 잃었기 때문이
다. 지진과 화산이라는 같은 자연 조건에서도 발리 섬 사원들은 지금도 남아 있
어 제 기능을 하고 있다. 자바의 사원들이 황폐해져 간 또 하나의 큰 이유는 주민
이 이슬람교로 개종했기 때문이다.

## 찬디의 신상

　사원은 성스러운 장소이며 내부에 신·불을 안치한 건축이며, 그 안에
서 신불을 예배하는 장소이기도 하다. 그 숭배 대상은 사원 안에 안치한
신상으로, 따라서 사원은 그 안에 안치하는 신상의 종교적 기능과 합치하지 않
으면 안 된다. 모든 사원은 신·불의 신상이 안치되면서 처음으로 그 기능을 발휘
한다. 즉 사원과 신상은 불가분한 관계를 맺고 신상을 무시한 사원은 존재하지
않는다.

　자바 사원 건축에는 '사당형'이라는 기본형이 있다. 사당 안에 모셔져 있는 각
종 신상에 그 신격을 표현하는 고유의 명칭과 기본적인 신성이 있다. 자바의 찬
디는 힌두교에 속하는 것과 불교에 속하는 것이 있다. 따라서 신상에는 힌두교

신상과 불상이 있다. 원래 이들 2 종교는 인도에서부터 공통의 기반에서 신앙 되어 왔지만, 그 반면 신과 교리, 세계관, 신상 조형에 명확한 차이가 있다.

힌두교는 다신교이지만 힌두교의 많은 신의 배후에는 궁극적으로 절대적 최고신이 존재한다는 관념이 있다. 이러한 의미로 보면 신들의 관계는 각각 독립적이면서 다른 한편으로는 다른 신성을 가지고 있다. 즉 힌두교의 신상은 다양한 형태로 그 신성을 표현하고 있다. 자연의 힘은 창조, 유지, 파괴의 3대 작용에 집약되어 그것들은 각각 따로따로 작용함과 동시에 하나의 자연적인 힘을 나타내는 것으로 여겨지고 있다.

브라마, 비슈누, 시바의 3신이 각각 신성을 가진 동시에 3신의 합일한 트리무르티<sup>3신 1체</sup>의 신상이 있다. 더욱이 시바도 비슈누도 각각 다른 형태와 다른 지물<sup>소지품</sup>을 가져서 다양한 성격을 매우 복잡하게 나타내고 있다. 또 각 신의 배우자 신도 다양한 형태로 표현된다. 많은 신상의 체계는 시바 또는 비슈누에 귀결하지만, '일즉다<sup>一卽多</sup>, 다즉일<sup>多卽一</sup>' 같은 다양한 신성을 전개하는 것이 힌두교 예술의 큰 특색이다.

힌두교 신상은 일반적으로 인간의 모습을 하고 있다. 하지만, 그 초인적인 힘이나 위엄 및 다양한 신성을 표현하기 위해서 '다면다비<sup>多面多臂</sup>의 형상으로 만들어지고, 그 손에는 각종의 지물을 가지고 있다. 그러나 이 다비의 손은 각각 의미가 있으면서 동시에 전체적으로 하나의 의미가 있다. 각 신상이 손에 든 각종 소지품도 각각의 의미와 함께 전체로는 하나의 신과 연결된다.

힌두교 신상(국립인도네시아박물관)

6비의 관세음보살(보로부두르 제2회랑)

보살상(찬디 푸라오산)

불상(보로부두르)

자바의 대표적인 불상은 중부 자바의 불교 사원에 남아 있다. 인도 굽타기 사루나토계의 영향을 받은 것이 보로부두르와 찬디 믄듯의 불상이다. 또 찬디 푸라오산에 우아하고 아름다운 보살상이 남아 있다. 불상에는 여래상, 보살상, 명왕상, 천부상이 있다. 자바의 불상은 여래상과 보살상이 주가 되고, 그 조각은 청초하여 깊이 명상하는 모습을 하고 있다. 경주 남산의 통일신라시대 석불과 아주 유사하다. 보로부두르에 안치된 504구 불상은 손의 인상을 제외하면 형태와 양식 차이는 찾아볼 수 없다.

이러한 불상은 결코 하나의 불상을 표현하는 것이 아니다. 각각 다른 수인에 의해서 여러 부처의 가르침을 표현하고 있다. 촉지인은 항마도의 깨우침, 전법륜인은 석가의 첫 설법을 상징적으로 표시하고 있다. 이렇듯 불상은 수인에 의해서 완전히 같은 자태이면서 완전히 다른 부처를 상징적으로 표현하고 있다. 이것은 다양한 힌두교 신상과는 다르게 불상은 단순한 조형 안에서 다양한 성격을 표현하고 있다. 다시 말해서 불상은 하나의 정신적인 표현 방법이 선택되었고, 힌두교 신상은 동적이면서 환상과 격정에 넘친 표현으로 양자는 극히 대조적이다.

모든 불상에는 사실적 표현과 이상적인 표현이 있다. 불상 제작은 '32상 80종호'와 같은 정해진 형식이 있지만, 기본적으로 아름다움을 추구하고 있다. 여성적인 아름다움과 남성적인 장대함, 비현실적인 신비함이 잘 조화하여야만 숭고미를 느낄 수 있다.

그러나 불상 표현의 아름다움, 신체의 남성적인 장대함, 비현실적인 신비함 등은 힌두교 신상 표현과 그다지 다르지 않다. 이것은 자바의 힌두교적 표현이라고 하는 것보다 오히려 그 이전의 인도에서 기원하는 불교와 힌두교의 공통 기반에서 유래한다.

자바 힌두교 신상의 외형은 발상지인 인도 신상과 그다지 다르지 않다. 그러나 인도의 신상은 매우 육감적이다. 예를 들면 마투라 부테슈와루<sup>시바</sup> 유적에서 6

약시(인도 마투라 부테슈와루 출토, 콜카타 인도박물관, 석조(사암) 기원 2세기, 높이 151cm)

개의 난순 기둥이 발견되었다. 원래는 불탑 주변을 둘러싸고 있었던 난순의 일부로 풍만한 약시상이 유명하다. 고부조의 육체미를 자랑하는 여신상으로 발로 악귀를 밟고 서 있다. 기둥 윗부분에는 남녀의 상반신이 새겨져 있다. 성애를 사실적으로 표현하여 풍요함을 기원하는 인도인의 인생관을 잘 나타내고 있다.

7세기 이후 힌두교가 융성하면서 육감적인 신상에서 청초한 아름다움을 지향하는 자바다운 신상이 만들어 진다. 이것은 자바 풍토와 자바인의 온화한 성격에서 유래하며 힌두교와 불교가 병존하여 서로 영향을 끼쳤기 때문이다. 즉 불상과 힌두교 신상이 일체화하여 만들어진다. 그리고 이 2 종교의 예술적 혼합은 자바인의 종교적 정열과 독특한 인간미를 내재하고 있다. 다시 말해 온화하고 개방적이면서 친숙한 아름다움이다. 이것이 바로 자바 예술의 가장 큰 특징이라 할 수 있다.

하늘을 날으는 마노하라 공주(제1회랑 주벽 하단)

## 시바

자바 힌두교는 시바를 지상신으로 한다. 자바의 찬디 안에 안치되는 신상은 당연히 시바교의 신상들이다. 전형적인 신상 배치로는 찬디 주실에 마하데바가 안치된다. 또 찬디 뒷면의 후실 또는 벽감에 시바신의 아들인 가네샤, 남쪽에 세계의 스승인 시바 구루, 북쪽에 시바신의 배우자 두르가 상이 안치된다. 또 당사 정면 전실 입구 좌우에 벽감을 마련해서 수호신을 안치하는 경우도 있다. 오른쪽 감실에 분노하는 마하카라, 왼쪽에 난디스바라 2비가 안치된다.

마하데바(다면다비, 찬디 시바)

시바상(중부자바, 9세기)

## 마하데바

마하데바는 시바를 주신으로 하는 주실에 안치된다. 대부분 1면 4비의 입상이다. 화려한 의상에 영락 장식을 하고, 허리띠에는 나가가 새겨지고, 머리에는 초승달 형의 보관을 쓰고 있다. 얼굴에는 3개의 눈이 있다. 4비 가운데 뒤의 양손에는 불자차마라, 염주아쿠사마라를 가지고, 앞의 양손에는 연꽃이나 물병군디, 3지창을 가진다. 2비의 마하데바 상은 난디스바라라고 부른다. 난디는 시바신이 애용하여 타고 다니는 소로 난디스바라는 황소 주인이라는 뜻이다.

난디(찬디 로로 종그랑, 난디사당)

## 가네샤

　　시바를 아버지, 파루바티를 어머니로 하는 아들이 가네샤⌐다. 코끼리 얼굴을 하고 4비 또는 2비의 좌상이다. 지혜의 신 또는 악귀를 쫓는 부적의 신으로 신앙되고 있다. 초승달 형의 보관을 쓰고, 이마의 눈, 허리띠에 나가가 새겨진 신상이다. 뒷손은 염주, 상아, 도끼, 법라, 원반<sub>차크라</sub>을 가지고 있다. 앞의 오른손에는 상아, 왼쪽에는 식기를 들고 있다. 코끼리의 긴 코는 식기 안에 들어 있는 지혜의 신으로부터 끝없는 지식 탐구를 상징하고 있다. 시바를 주신으로 하는 찬디 후실 또는 벽감<sub>동쪽 혹은 서쪽</sub>에 안치된다.

가네샤(찬디 바논)

파루바티(1328~1350년)

## 시바 구루

　　시바신의 일반적인 모습으로 구루는 스승님이라는 의미이다. 보통 2비 입상으로 콧수염과 배가 나온 뚱뚱한 노인의 풍모를 하고 있다. 의복이나 영락은 마하데바보다 검소해서 시바의 상징인 삼지창 이외에 일절의 무기를 가지지 않는다. 삼지창은 손에 들지 않고 후방에 세워져 있다. 그 밖에 염주, 불자, 물병을 손에 들고 있는 예도 있다. 시바를 주신으로 모시는 찬디 남쪽 측실 또는 벽감에 안치된다.

시바 구루(찬디 바논)

두르가(국립인도네시아박물관)

## 두르가

　　시바신의 배우자로 두르가는 근접할 수 없는 사람이라는 뜻이다. 보통은 8비의 상으로 두르가는 물소 위에 타고, 앞 오른손에 그 고삐를 들고, 오른손은 마신 마히샤의 머리카락을 움켜쥐고 있다. 마신 마히샤는 방패나 검을 가진 작은 남자로 표현된다. 두르가는 각종 무기를 가지고 있다. 시바교 찬디 북쪽 측실 또는 벽감에 안치된다.

## 마하카라

　　파괴자로서 매우 분노하는 형상을 하고 있다. 일반적으로 2비 상 또는 4비 상으로 만들어져 곤봉과 검을 가지고 있는데, 삼지창, 염주, 불자를 가지고 있는 경우도 있다. 옷은 짧은 허리띠를 두르고 때로는 나가⁸가 장식되기도 한다. 전실 입구 좌우 감실에 난디스바라와 마하카라가 수호신으로 안치한다.

마하카라(중부 자바, 9세기)

## 링가와 요니

　　링가와 요니는 신격을 표현하는 일종의 상징이다. 즉 생식을 담당하는 시바신을 상징하는 것이 링가로 힌두교 사원 주실에 자주 마하데바 신을 대신하여 안치된다. 링가는 하부를 방형, 중앙부를 8각형, 상부를 원주형으로 만들어져 있다. 링가에 대응하는 여성의 상징인 요니 위에 안치된다. 요니는 사각형 대좌 표면에 홈을 판 후 그 중앙에 링가를 안치한다. 또 정면에는 링가 위쪽에서 성수 혹은 우유를 부우면 그 액체가 흘러내리도록 새의 부리와 같은 도랑 형 조각이 새겨져 있다. 이 형상은 보통 신상 대좌와 같은 형태로 그 위에 링가를 세워놓았을 때만 요니라고 불린다. 찬디 동면 또는 서면을 향하는 주실 안에 안치된다.

링가와 요니(찬디 이조)

비슈누(13~14세기, 동부 자바)

## 비슈누

비슈누의 상징적인 소지품은 법라, 원반, 곤봉, 연꽃이다. 보통 4비의 상으로 뒤쪽 오른손에 원반, 왼손에 법라를 가지고 또 앞 손에 연꽃과 곤봉을 가지고 있다. 때로는 2비의 상도 있지만, 그 경우는 법라와 원반을 가지고 있다. 비슈누는 우주의 질서를 유지하는 신으로 그 질서를 지키기 위해서 필요할 경우에는 여러 모습으로 변신하여 악마를 퇴치한다. 아바다라라는 말은 원래 화신이라는 의미이다. 이 화신이라는 개념은 실존 인물을 신격화하는데 사용된다. 라마야나 이야기의 주인공 라마는 비슈누의 화신이다.

## 브라마

창조신 브라마는 힌두교 3대 신의 하나인데도 신상으로 만들어져 숭배하는 경우는 드물다. 일반적으로 4면 4비의 입상으로 뒷손에는 염주와 불자를 가지고 앞 손에는 연꽃 또는 물병을 가지고 있다. 브라마가 타는 것은 앙사<sup>백조</sup>이다. 브라마는 범천이라 하여 불교에서도 중요한 수호신의 하나이다.

## 사라스와티

브라마의 배우자가 사라스와티이다. 2비 또는 4비 상으로 공작 위에 앉아 있다. 보통 손에 아무 것도 가지고 있지 않지만, 때로는 비파를 연주하는 모습으로 표현되고 있다. 불교에서는 변재천이라고 한다.

브라마(찬디 바논)

## 트리무루티

시바, 비슈누, 브라마의 3대 신을 하나로 합친 상이다. 자바에서는 트리무루티를 시바신 화신의 하나로 간주하고 있다. 3면 4비의 상으로 보통 3면은 같은 모습으로 만들어지지만 중앙 앞면 두상에 시바의 상징으로 보관을 쓰고 있다. 뒷손에는 염주와 불자를 가지고 있다. 또 염주 대신 연꽃이나 경전을 가지고 있는 것도 있다.

## 가루다

하늘을 나는 가루다는 비슈누신이 타고 다니는 영조이다. 날카로운 부리를 가진 새의 얼굴에 날개를 달고 몸은 사람으로 표현되어 있다. 가루다 자신도 별개의 숭배 대상이다.

가루다(찬디 수쿠)

## 라크슈미

비슈누의 배우자 라크슈미<sup>슈리</sup>는 아름다움, 행복, 빛과 번영의 신이다. 소지품은 연꽃으로 불교의 다라보살과 분별하기 어렵다. 다라보살이 가지는 연꽃 줄기는 라크슈미보다 길다. 4비의 라크슈미 상은 앞 손에 줄기가 짧은 연꽃을 들고 뒷손에는 불자를 가진다. 때로는 염주, 곡물 이삭 또는 과일을 가지고 있다. 불교에서 길상천이라고 한다.

## 스리야와 찬드라

태양신으로 7마리 말이 끄는 마차를 타고 손에 연꽃을 가지고 있다. 브라만교 시대에는 천계를 대표하는 중요한 신이었다. 찬드라는 달의 신으로 4마리 혹은 10마리 말이 끄는 마차를 타고 있다.

라크슈미(찬디 베라한)

스리야(찬디 로로 종그랑, 난디사당)    찬드라(찬디 로로 종그랑, 난디사당)

바루나(찬디 시바)

## 바루나

서쪽 방향의 방위 신이며 또한, 물의 신이다.

인드라(찬디 시바)

## 인드라

동쪽 방향의 방위 신이며 또한, 뇌신으로 그 지물인 금강저는 섬광을 상징한다. 불교에서도 제석천이라고 하여 중요한 수호신이다. 브라만교에서는 천계를 대표하는 신이다.

## 구베라

북쪽 방향의 방위 신이며 또한, 부의 신, 풍작의 신으로 숭배되고 있다. 불교에서는 비사문천, 야차, 구비라, 대복천이라고도 한다. 재보가 들어있는 항아리를 가지고 있는 배부른 남자로 표현되고 있다. 대부분이 2비 상으로 한손에 과일, 다른 손에 말고삐 또는 돈 자루를 가지고 있다.

구베라(찬디 사지원)

### 약시(하리티)

구베라의 배우자로 하리티라고도 부른다. 2비와 4비의 상이 있다. 하리티 鬼子母神는 인도의 여자 귀신으로 자기 아이를 위해서 남의 아이를 잡아먹었다. 그러나 석가의 교화에 의해 불제자가 되어 아이들의 수호신이 된다. 인도에서는 불교가 쇠퇴해진 13세기 이후에도 신앙이 계속되는데 자바에서는 기자, 순산, 육아, 부부화합의 신으로 신앙되고 있다.

### 아푸사라스

물의 요정으로 우아하고 아름다운 아가씨 모습으로 표현되고 있다. 인드라 신의 무희이며 춤추고 있는 모습으로 표현되고 있다.

아푸사라스(찬디 로로 종그랑)

드바라파라(찬디 세우)

## 드바라파라

    힌두교나 불교를 막론하고 찬디나 왕궁의 문 앞에 수호신으로 안치되는 석상이다. 불교의 인왕 혹은 금강역사 상에 해당한다. 무서운 얼굴을 하고 검이나 곤봉을 들고 있는 한 쌍의 거대한 석상이다.

## 킨나리 킨나라

    반신 반조의 음악 신으로 중부 자바의 사원에서 같이 볼 수 있다.

킨나리 킨나라(보로부두르)

반야바라밀보살(켄 · 데데스 왕비의 초상, 싱고사리, 14세기)

수히타 여왕 상(1429~1447년, 마자파힛 왕조)

트리부와노퉁가데위 여왕 상
(1328~1350년, 찬디 림비)

찬디의 종교적 기능으로 보면 내부에 안치하는 신상이 갖추어지지 않으면 완전한 사원으로 기능할 수 없다. 따라서 사원 건축과 조각은 불가분한 관계이다. 즉 자바의 사원은 건축과 조각이 혼연 일체한 종합 예술이다. 자바 사원 건축은 화산암의 블록을 쌓아 올린 누적 구조체로, 그 내외가 전부 조각으로 장식되어 매우 조소적이다.

그러나 사원 내부에는 대부분 신상이 남아 있지 않다. 모든 신상이 사원 안에 안치된 채 완전한 상태로 남아 있는 사원은 거의 없다. 이들 신상은 뿔뿔이 흩어져서 있거나 무너진 사원 구석에 모여 있다. 원래 있었던 사원을 알 수 없는 석상이 대부분이고, 그 원형을 알아보기 어려울 정도로 파괴되어 있다.

자바의 대승불교 불상 안에는 시바교의 특징을 겸비하는 것이 많다. 그러나 이러한 경향은 인도네시아에서 힌두교와 불교의 관계로 말하면 그다지 이상한 것이 아니다. 그리고 자바 조상 안에 특수한 표현 형식을 가지는 것이 있다. 주로 동부 자바기에 실존한 왕이나 왕비의 초상을 신상으로 조각한 것이다. 살아 있는 신으로 여겨지고 있었던 그들은 사후에도 신으로 숭배되었다. 일종의 조상숭배로 고인의 모습을 새긴 초상을 사원에 안치하고 그 신상에 제사를 지내면 신이 된 조상이 하늘에서 강림하여 자손들에게 화를 물리치고 복을 주는 것으로 믿었다. 이러한 초상은 힌두교 신상으로 표현한 것, 또는 불상으로서 표현한 것도 있지만, 다면다비의 시바신상이 많다.

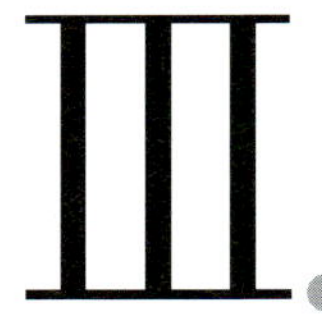

# III. 중부 자바 고원 지대의 사원과 유적

### 디엥 고원의 찬디

중부 자바 서북부의 디엥 고원에 남아 있는 사원을 '북방형 찬디'로 분류한다. '디엥'은 산스크리트어 '신들의 보금자리'에서 유래한다고 하지만, 정확한 어원은 'Di Hyang'으로 '선조의 땅'이라는 의미이다. 힌두교 마타람 왕조의 역대 왕이 설립한 사원이다. 디엥은 해발 2,120m에 있는 화산지대 안의 분지<sub>길이 1,800m, 폭 800m</sub>로, 그 중앙에 바레칸반 호수가 있다. 디엥 고원에는 현재 복원한 8동의 찬디와 아직도 복원되지 않은 많은 사원이 남아 있다.

분지 중앙에서 약간 북쪽 평지에 있는 5동의 사원을 '아르주나 사원 군'이라 부른다. 현재 주민은 이슬람교로, 백아의 이슬람교 사원 아래에 있는 아르주나 사원 군은 더욱더 신비감을 자아내게 한다. 디엥 고원의 찬디는 인도네시아에서 가장 오래된 힌두교 사원이다. 하지만, 이들 사원 이름은 19세기 자바 서민들에게 친숙한 '와양 극'의 인기 등장인물이다.

### 찬디 아르주나

찬디 아르주나는 사원 군의 최북단에 있는 '북방형 찬디'이다. 안산암을 사용하여 기단, 당사, 옥개를 쌓아올리고 정면인 서면에 계단과 전실을 만들었다. 기단

은 한 변이 6m의 정방형으로 서쪽 정면에 요철凸형의 돌출한 전실이 있고, 그 전방에 S자형의 양 날개벽을 가진 계단이 만들어져 있다. 이 S자형의 계단 날개벽은 8세기 이후의 중부 자바기 사원의 특징이다. 상하 양 끝 부분에 '카라·마카라'를 장식하는 것이 일반적이다. 찬디 아르주나의 계단 밑에는 동아리를 틀고 목을 들어 올린 큰 뱀 입안에 앵무새를 새겨 놓고 있다. 찬디 아르주나의 마카라 장식은 중부 자바의 가장 오래된 고식이다.

사당 주실 안에 요니 위에 링가가 안치되어 있다. 이것은 불교 사원에 불상을 안치한 것과 같이 힌두교도들에

찬디 아르주나

게는 당연한 것이다. 원래 찬디 아르주나에도 링가와 요니가 안치되어 있었지만, 16세기 이후 주민이 이슬람교로 개종하면서 링가와 요니는 파괴된다. 링가와 요니는 생식을 담당하는 시바신을 상징한다. 링가에 대응하는 여성의 상징인 요니모태 위에 링가가 안치된다. 음양의 결합에 의해서 완전한 종교적인 대상이 된다. 아르주나는 고식 사원 건축의 전형이다. 높이에 의한 웅대함보다는 수평선이 강조되어 폭이 넓은 구성은 친밀감을 느끼게 한다. 건립 연대는 디엥 전기인 680~730년경이다.

링가와 요니(찬디 아르주나)

찬디 스마르

## 찬디 스마르

　　찬디 스마르는 직사각형 <sup>동서 3.5m, 남북 7m</sup>의 소형 사당 건축으로 일반적인 찬디 형태 <sup>사당형 찬디</sup>와는 완전히 다르다. 직사각형의 당사는 찬디 아르주나의 서면 입구와 마주 보고 그 출입구 <sup>동면</sup> 중앙에 카라·마카라 장식이 부조되어 있다. 낮은 기단은 수평선이 강조되어 있다.

　　찬디 출입구 좌우로 각각 하나씩 작은 창이 있다. 또 같은 형태의 창문은 남북 벽면에 각각 2개, 서면에 3개가 있다. 일반적으로 자바 섬의 찬디에는 햇빛을 사당에 들이는 채광에 그다지 집착하지 않은 구조를 하고 있다. 중부 자바에서 유일하게 작은 창문을 만든 사당형 사원은 찬디 파원뿐이다.

　　당사의 지붕 위에 3개의 라토나 <sup>힌두사원의 옥개 장식</sup>가 있었던 흔적이 있다. 찬디 스마르는 디엥 고원에서도 전혀 볼 수 없는 특이한 구조를 하고 있다. 일반적인 찬디는 기단, 당사, 옥개로 이루어져 당사 안에 신상을 안치하는데 역점이 주어지는데, 찬디 세마르는 내부의 넓은 공간구조를 하고 있다. 제사 용구를 보관하는 창고 혹은 제사를 올리는 승려의 대기실로 추정되고 있다. 같은 형태의 찬디는 그동 송고 사원 제3군밖에 발견되지 않았다.

## 찬디 스리칸디

　　찬디 스리칸디는 찬디 아르주나의 남쪽에 있다. 기단 주변, 정면 계단, 옥개 등의 대부분이 유실되어 있다. 현재 남아 있는 기단은 찬디 아르주나와 유사한 구조로 수평선이 강조되어 있다. 비교적 소규모 사당으로 1층 당사만이 복원 되어 있다. 당사의 남쪽, 북쪽, 동쪽의 3 측면 중앙에 상하가 긴 액자 같은 벽감 안에 부조가 새

찬디 스리칸디

겨져 있다. 북면에는 1면 4비의 비슈누상, 남쪽에는 3면 4비의 브라마상이 새겨져 있다. 동면 부조는 손상이 심하지만, 시바·마하데바 상으로 여겨진다. 힌두교 최고신의 3위 1체를 표현하고 있다.

서면 입구 반대편에도 작은 사당 터의 초석이 남아 있어 동서로 2개의 사당이 입구를 마주하여 세워져 있었던 것을 알 수 있다. 찬디 스리칸디의 건립

찬디 스리칸디 벽감의 비슈누신

연대는 건축 양식과 구성에 의해서 7세기 후반에서 8세기 초기에 건립된 것으로 추정된다.

## 찬디 푼타데와

찬디 푼타데와는 찬디 스리칸디의 남쪽 옆에 인접하여 있다. 기단과 회랑, 옥개가 유실되어 원래 모습으로 복원하지 못하고 있다. 이 찬디는 다른 사원보다 기단을 한층 더 높이 만들었다. 실제로 찬디 아르주나보다 작은데도 키가 높게 보인다. 서쪽 정면 기단도 2중으로 만들어져 있다. 기단과 당사 사이에 면석을 채워 넣은 기

찬디 푼타데와와 찬디 슴바드라

대가 있다. 이 부분을 기단과는 장식과 구조가 달라서 기대 혹은 기탁이라고 부르기도 한다. 넓은 의미로는 당사를 높이기 위한 구조로 보면 2중 기단으로 보아도 좋다.

현재 2층으로 복원된 당사는 키가 크고 늘씬하다. 폭을 강조해야 할 기단과 회랑 부분이 상실하여 더욱 홀쭉한 인상을 준다. 정면 입구는 서면에 있고 비교적 높은 기단에는 S자형 계단 날개벽이 만들어져 있다. 이러한 기단, S자형 계단 날개벽은 후대의 '남방형 찬디'<sup>프람바난</sup>에서 많이 볼 수 있다. 이것은 참배자가 계단을 올라가서 기단 위를 시곗바늘 방향으로 탑돌이를 한 다음 예배하게 만든 구조이다.

당사 남, 북, 동의 측벽 중앙에 있는 벽감의 카라·마카라 장식이 크고 아름답게 장식되어 있다. 이 카라·마카라 장식은 디엥 유구 안에서 조각적으로 가장 세련되었다. 아르주나 사원 군의 카라·마카라 장식과 벽감은 대개 엷은 부조로 처리되어 있는데, 찬디 푼타데와의 벽감은 입체 신상에 가깝게 새겨져 있다. 신상을 안치하는 감실 내부는 가늘고 길며 그 위에 천개를 마련하고 있다. 2층 당사 위의 옥개 상부는 붕괴했지만, 남아 있는 부분을 보면 피라미드형이다. 기단, 계단 등의 구조는 후대의 남방형 찬디와 유사점이 많아 디엥 고원의 찬디 중에 가장 후대인 730~780년경으로 추정된다.

## 찬디 슘바드라

찬디 슘바드라는 찬디 푼타데와 남쪽 옆의 아르주나 사원 군의 최남단에 있는 소형 사당으로 결손이 심하다. 정면의 계단과 옥개가 함께 상실되었다. 당사 전실 이외 다른 3면의 중앙부가 크게 돌출하여 당사 평면이 십자<sup>十字</sup>형에 가깝다. 이러한 평면 구조는 남방형 찬디의 선행적인 유구이다. 찬디 슘바드라의 잔존하는 옥개 제1층 높이도 다른 찬디에 비해 매우 높다. 옥개와 십자형의 평면 구조로 보아 8세기에 들어와서 건립한 것이다.

5동의 찬디를 총칭하여 아르주나 사원 군이라고 부른다. 이것은 5동의 찬디가 하나의 사원 군을 구성하고 있었다는 의미가 아니다. 다시 말해 아르주나와 그 바로 맞은편의 찬디 스마르는 하나의 사원을 구성하고 있다. 또한, 찬디 스리칸디의 전면에도 기단 터가 남아 있어 부속하는 찬디가 있었던 것 같다. 찬디 푼타데와는 전면뿐만 아니라 후면에도 1동의 건축이 있었던 것을 남아 있는 기단 유구로 알 수 있다. 아르주나 사원 군은 적어도 8동의 석재 찬디가 있었으며, 그 밖에 많은 목재 건물이 있었을 것으로 추정된다. 현재 남아 있는 5동의 찬디는 대개 '사당형 찬디'이다. 이러한 기본적인 찬디 형태에서 시간의 경과에 따라서 각각 개성이 있는 다양한 건축으로 변화하는 과정을 알려준다. 이러한 의미에서 아르주나 사원 군은 7세기 말에서 8세기 초의 사당형 찬디의 종합전시장이라고 할 수 있다.

### 찬디 드와라바티

찬디 드와라바티

찬디 드와라바티는 아르주나 사원 군의 북동 약 900m의 언덕 위에 있다. 사당형의 찬디로 서쪽을 정면으로 하고 있다. 기단 외각, 계단, 옥개가 유실되었지만, 평면이 십자형으로 찬디 슴바드라와 유사한 구조를 하고 있다. 현재 남아 있는 1층과 2층 당사 남, 북, 동의 벽면에 감실이 마련되어 있다. 찬디 드와라바티의 감실은 횡혈식 석실과 같은 구조로 입체 신상을 안치하기 위하여 만들어졌다. 옥개는 자연적인 붕괴로 유실되었지만, 기단 석재는 인근 주민이 주거용 건축재로 사용하여 인위적으로 파괴되었다. 8세기 초의 사원으로 추정된다.

찬디 가톳카차

### 찬디 가톳카차

찬디 가톳카차는 외형적으로 찬디 드와라바티와 아주 유사하다. 아르주나 사원 군에서 남남서 약 400m의 산기슭에 있다. 서쪽을 정면으로 한 사당형 찬디로 현재 기단 주변 및 정면의 계단, 옥개가 유실되어 있다. 정면 중앙에 전실이 있었던 것을 확인 할 수 있고, 정면 좌우로 벽감이 하나씩 있다. 다른 3면 중앙부는 찬디 푼타데와와 같이 십자형으로 돌출해 있다. 단 찬디 슴바드라와 같이 극단적인 돌출에 의한 십자 형 평면과는 구별된다. 벽감 주변은 혀를 내민 귀여운 카라·마카라 장식으로 꾸며져 있다. 남아 있는 옥개를 보면 피라미드형이었던 것을 알 수 있다. 입면체가 발달한 건축 양식으로 8세기 초의 사원이다.

옥개(찬디 비마)

## 찬디 비마

칼데라의 남단에 있는 찬디 비마는
디엥의 현재 남아 있는 유구뿐만 아니라 그밖
의 인도네시아 사원 안에서도 그 유례를 찾아
볼 수 없는 이색적인 형태를 하고 있다. 당사
의 평면<sup>폭 4.93m, 길이 4.43m</sup>은 직사각형으로 중앙
에 가늘고 긴 벽감이 만들어져 있다. 정면인
동쪽에 전실<sup>폭 3.25m, 길이 2.7m</sup>이 있고, 남, 북, 서
의 돌출부는 불과 0.4m에 지나지 않는다. 기
단은 아르주나 사원 군과 같이 면석만 둘려져

찬디 비마

있다. 기대부와 상부에는 장식기둥과 凸형 석재가 끼워진 장식 벽면이 수평선을 강
조하고 있다.

옥개는 5층의 피라미드형으로 '말굽 형 감실'이 만들어져 있다. 옥개 부분만
을 보면 인도 북부의 불탑을 연상시키지만, 각단의 구획이 명료하여 7세기 인도 남
부 사원의 영향을 알 수 있다. 옥개 및 당사 장식 기둥과 감실 주변에는 연꽃 문양이
부조되어 있다. 또한, 옥개 감실에는 정교한 시바신의 인면상이 부조되어 있다.

찬디 비마는 힌두·자바 유구 안에서도 극히 이색적인 존재로 다른 유구와 비교하기 어렵다. 찬디 스리칸디 벽감의 비슈누신 부조가 보로부두르 부조와 유사한 것을 근거로 8세기 후반으로 보는 견해도 있다. 디엥 고원의 찬디는 모두 시바신을 제사 지낸 사당이다. 7세기 후반부터 8세기에 걸쳐서 마타람 왕조에 의해서 세워진 것으로 1980년대 초기에 복원되었다.

## 그동 송고 사원 군

족자카르타 북쪽 70km의 그동 송고 사원은 표고 2,050m의 운가란 산 중턱에 점재한다. 운가란 산 서남 사면의 능선 위에 유황천이 분출하는 말굽 형 계곡을 둘러싸듯이 작은 규모의 힌두교 사원유적이 6군데에 남아 있다. 이들 사원 대부분은 시바신을 본존으로 하고 있다. 자바어로 그동 송고는 '9개의 건물'이라는 의미이다. 비교적 최근까지 그 형태가 비교적 양호하게 남았던 9동의 사원에서 명명된 이름이다.

계곡을 끼고 산등성이를 따라 전망이 좋은 곳에 사원이 세워져 있다. 건립 연대는 8세기 중반으로 추정되는데 자바 섬의 잦은 지진으로 말미암아서 대부분

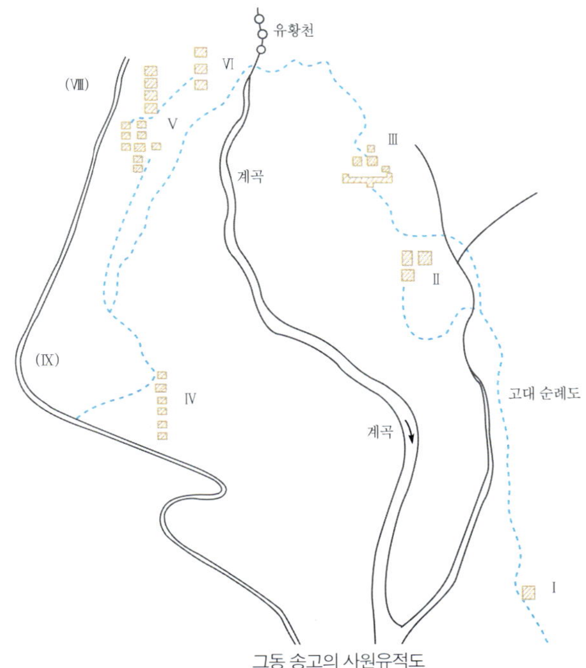


그동 송고의 사원유적도

이 무너져 있었다. 1960년대부터 수리와 복원이 본격적으로 시작되어 1982년에 완료했다. 하지만, 복원 된 찬디는 비교적 형태가 잘남아 있었던 유구들로 완전히 무너져 석재만 산적한 채 그대로 방치한 사원유적이 훨씬 많다.

## 제1군 사원유적

제1군

주차장에서 산길을 걸어서 5분쯤 가면 제1군 사원유적에 당도한다. 건물은 본당으로 추정되는 1동만 남아 있다. 옥개는 무너진 상태이지만 벽면의 장식 부조가 지난날의 영화를 말해주고 있다. 회색의 안산암을 가공한 사당형 찬디로 안정감 있는 구조를 하고 있다. 입구는 서면을 하고 S자형의 계단 날개벽은 중부 자바기의 원형을 잘 보여준다.

당사4.5×4.5m는 방형으로 전실 입구의 카라·마카라 장식은 디엥 고원의 찬디 푼타데와와 유사하다. 주실 중앙에 요니가 남아 있고, 사방의 내벽 감실에 안치되었던 신상은 모두 유실되었다. 동, 남, 북의 당사 외벽에는 카라·마카라 장식이 부조되어 있다. 벽감 안에는 아름다운 꽃병이 새겨져 있다. 8세기 말에서 9세기 초의 디엥 고원 사원 영향을 받아서 만들어진 사원이다.

카라·마카라 장식 북 면(제1군)

사당 안의 요니와 벽감(제1군)

## 제2군 사원유적

제2군까지는 제1군에서부터 급경사의 산길이 계속된다. 제2군 유적지에도 1동의 찬디만 남아 있다<sup>높이 5m, 1변 3.75m</sup>. 당사는 비교적 원형이 잘남아 있고 전체적으로 제1군의 찬디와 유사하다. 제1군과 비교하여 다른 점은 참배자가 당사 안에 들어가기 전에 기단 위를 돌아보게 기대<sup>基臺</sup>를 넓게 만들었다는 점이다. 또한, 입구의 카라·마카라 장식이 보다 입체적으로 조각되어 있고, 그 좌우로 벽감을 설치한 점도 다르다. 옥개는 4단의 계단식 피라미드형으로 불상 부조와 링가가 장식된 점이 주목된다. 힌두교 사원이지만 옥개 장식에 불상이 새겨져 힌두교와 불교의 융합 양상을 잘 보여준다.

제2군에는 붕괴한 찬디 석제가 산처럼 쌓여 있다. 사당 입구를 마주하여 직사각형의 건물터가 남아 있다. 디엥 고원의 찬디 아르주나와 찬디 스마르와 같이 제2군 사원도 2개의 사당이 입구를 마주 보고 있었던 것을 알 수 있다. 방치한 석재 안에는 부서진 링가와 요니가 남아 있다.

사원 안에 링가와 요니가 안치되었었을 가능성이 크다. 제1군 본당 안에도 요니<sup>대좌</sup>만이 남아 있다. 제1군 옥개 상부에도 링가가 세워져 있었다. 이 2곳의 찬디 유적으로부터 그동 송고 사원의 성격을 알 수 있다. 힌두교의 시바신으로 포장을 하였지만, 당내에 요니 위에 링가를 안치하고, 옥개 곳곳에 링가를 세워놓은 것으로 보아 성기숭배의 메카가 그동 송고 사원 군이다. 풍요와 다산, 그리고 기자신앙의 대상으로 지금도 젊은이들이 사랑을 속삭이는 성역이다.

입구의 카라·마카라 장식(제2군)

옥개의 링가와 불상 부조(제2군)

제2군

## 제3군 사원유적

제3군에는 찬디 3동이 복원되어 있다. 주당<sup>정방형의 기단 5.4m</sup>은 서쪽 정면을 마주하여 직사각형의 사당<sup>3×2m</sup>이 있다. 주당 북쪽에 소형 사당<sup>정방형 2.75m</sup>, 남쪽에 한 무더기의 주춧돌이 남아 있다. 제3군 주당은 제2군 찬디와 아주 유사하다. 다른 점은 입구 계단의 날개벽이 J자형에 가까운 점이다. 당사 외벽의 중앙을 깊이 파내어 벽감을 만들고 그 테두리를 장식 기둥으로 한 점도 특이하다. 주당 벽면에 시바교 신상을 배치하고 있다. 서면 입구 양쪽 감실에 마하카라와 난디스바라의 수호신, 당사 후면<sup>동</sup> 감실에 가네샤, 북쪽에 두르가, 남쪽에 구루상이 배치되어 있다.

주당 서쪽 정면에 있는 직사각형의 건물은 찬디 스마르와 아주 유사하다. 단 찬디 스마르보다는 길이가 짧고, 지붕 위에 3개의 라토나가 장식되어 있고, 실내 안에 빛을 들이는 작은 창도 없다. 주당은 단층 당사와 4층 피라미드형의 옥개로 이루어져 있다. 옥개 각 층의 작은 장식 스투파 위에 링가가 세워져 있다. 제3군 찬디는 대소의 차이와 벽감 장식의 차이는 있지만, 그 양식은 거의 같다.

주당 입구(제3군)

제3군

두르가상(제3군)

가네샤상(제3군)

구루상(제3군)

주당 옥개 정상의 링가가 팔각형인데 비해서 부속 사당의 링가는 원통형으로 가공 되었다. 원통형 링가에서 팔각형으로 링가 형태의 변천 과정을 보여주고 있다. 링가는 팔각형 혹은 밑 부분이 사각형, 위 부분이 원통형으로 만들어지기도 하고 혹은 시바신의 얼굴을 부조하기도 한다.

주당 남쪽 건물 터 석재 안에는 각종 신상과 링가·요니가 남아 있다. 그 중에도 특히 주목되는 조각은 세 마리 말이 끄는 마차 위에 요니를 새겨 놓은 것이다. 세 마리 말은 입체적으로 조각되었는데 모두 결손 한 상태로 남아 있다. 제3군 유적은 제2군보다는 연대적으로 조금 앞서 세워진 것으로 추정되고 있다.

## 제4군 사원유적

제4군은 가장 조망이 좋고 높은 곳에 있다. 찬디는 남북으로 1열 혹은 2열로 해서 6동이 있었던 것으로 추정된다. 대부분의 건물은 붕괴하여 기단 일부만 남아 있고, 3번째 찬디는 원형에 가깝게 복원되었다. 복원한 당사 정방형 3.5m 구조는 제3군의 주당과 아주 유사하며, 동면 벽감에 파손된 가네샤상이 남아 있다. 4층 옥개는 크고 중후하며, 25개의 링가가 세워져 있다.

치하라 타이고로는 일본의 남근석은 선조의 심벌로 '도소신' 道祖神이라고 하는데 이 말은 '도소신' 同祖神 즉 동족이 같은 선조를 모시는 의미라고 한다. 그렇다면 일본의 묘석은 그 변형이라고 볼 수 있다. 후손들이 선조의 심벌인 링가와 요니를 신앙하는 것은 어떤 면에서는 극히 자연스럽다고 생각한다. 유교의 강한 영향을 받은

제4군

우리나라보다는 성기숭배의 흔적은 자바와 일본 도처에서 찾아볼 수 있다. 그동 송고의 찬디는 모두 동향 또는 서향을 하고 있다.

소흔 찬디(제4군)

　　　우리나라 마을 제당이 산 높은 곳에서 마을 입구로 내려왔듯이 그동 송고 사원도 높은 곳에서 사람이 사는 가까운 곳에 내려오면서 건립되었다. 실제로 발리 섬의 힌두교 사원도 산에서 마을로 내려온 것이다. 제4군 사원은 가장 많은 수의 유적이 남아 있다. 그동 송고에서 처음으로 세워진 찬디로 가장 오랫동안 신앙되었던 곳으로 생각한다.

　　　제4군 유적에서 조금 떨어진 곳에 2동의 작은 사당이 발견되었다. 1동은 복원이 되었고, 1동은 기단만 남아 있다. 복원한 사당 안에 요니가 안치되어 있다. 입구 장식도 다른 카라·마카라 장식과는 다른 형태를 하고 있다. 건축과 부조 양식이 다른 사원보다 고식으로 건립되어, 그 창건 연대는 8세기 전반으로 추정된다.

제5군

## 제5군 사원유적

제5군은 제4군에서 북쪽으로 200m 내려온 지점에 있다. 남북으로 3열, 계13동의 사당으로 이루어져 있다. 중앙 열5동의 주당 이외는 기단과 주춧돌만이 남아 있다. 주당정방형 3.5m 구조는 제4군 주당과 유사하다. 남쪽 감실에 풍화가 심한 구루상이 남아 있다. 부근에서 구루상, 난디상, 28비의 두르가상, 마하카라 상, 가네샤상이 출토했다. 제1군만이 9세기 초기의 건립이고, 그 밖의 찬디는 8세기에 마타람 왕조가 건립한 것으로 추정되고 있다.

## 찬디 푸링가푸스

북부산간지에 있는 힌두교 사원으로 파라칸 마을 북방 슨빈 산 중복에 있다. 디엥에서 케두 분지 방면으로 남하하는 중간 지점이다. 마을 주변에서 몇 개의 힌두교 사원 터가 발견되었다. 현재 남아 있는 유구는 시바신이 타고 다니는 난디황소 상을 안치한 소형 사당 1동만이 1930년에 복원되었다.

기단은 폭 5m, 길이 4.46m로 벽면은 장식부조가 없는 면석으로 둘려져 있다높이 0.9m. 그 위의 기대높이 0.27m에는 凸형 반곡과 반원으로 처리된 벽석이 둘려진 중부 자바기의 사원이다. 기단높이 1.87m 처마 끝에도 중후한 장식이 부조되어 있다. 정면 전실에는 카라·마카라 장식이 새겨져 있고, 다른 3 측면에는 장식 기둥의 '평방'패널이 벽감의 칸막이 역할을 하고 있다. 3층 피라미드형 옥개를 합하면 총고는 6.58m이다. 그동 송고의 제3군과 유사하다.

주실넓이 2.67×2.2m, 높이 2.77m, 길이 1.44m 안에 난디 상이 안치되어 있다. 이 찬디의 특색은 당사

찬디 푸링가푸스

난디상(찬디 푸링가푸스)

벽면 부조로 측벽 장식 기둥 사이에 킨나리<sup>반인 반조의 음악 신</sup>, 구베라<sup>대복천</sup> 상, 소용돌이 당초 문양이 새겨져 있는 점이다. 전실 정면 입구 좌우의 평방 및 돌출부의 측면에는 환희하는 남녀상과 꽃과 악기를 가진 천인의 아름다운 부조가 새겨져 있다. 또 입

벽면 부조(찬디 푸링가푸스)

구를 장식하는 카라가 아래턱과 송곳니를 가지고 있는 것은 중부 자바기의 부조 장식으로는 극히 드문 예라고 할 수 있다. 이 찬디 전면에서 요니, 카라·마카라 등이 출토하여 시바신을 모신 별도의 신당이 있었던 것으로 추정되고 있다.

100m 떨어진 곳에서 소형 찬디 유적이 발견되었고, 출토한 조각에 853년으로 추정되는 명문이 새겨져 있다. 마타람 왕조의 역대 왕들이 디엥 고원과 그동 송고를 참배하기 위하여 그 중간 지점에 이들 사원을 건립했을 가능성이 크다.

# IV. 세계 최대 불교 유적 보로부두르

## 찬란한 불교 미술 보로부두르

자바 섬에 있는 세계 최대의 불교 유적 보로부두르는 발리 섬에서 비행기를 타고 1시간쯤 가면 된다. 족자카르타는 인도네시아 고도로 주변에 많은 사원과 유적이 남아 있다. 보로부두르는 족자카르타에서 약 42킬로 떨어진 곳에 있다. 일반적으로 보로부두르는 족자카르타 주에 있는 것으로 알려졌지만, 실제로는 중부 자바 주 마글랑 군에 속해 있다.

보로부두르는 인도의 불교문화를 기반으로 하는 종교적 축조물이다. 보로부두르는 인도문화의 영향을 받은 인도네시아의 대표적인 문화유산으로 다루어져 왔다. 보로부두르 불상과 부조는 인도에 기원하는 불교라는 종교 이념을 구상화한 건축 공간이다. 그러나 보로부두르 성립은 인도의 불교문화 영향뿐만 아니라 고대 자바인이 만든 민족예술이라는 점을 인식할 필요가 있다.

인도네시아 초기에 전해진 불교는 현재 동남아시아 각지에 보이는 소승불교가 아닌 대승불교였다. 또한, 인도네시아에 전래 된 초기 불교는 힌두교와 융합하여 사원과 종교 미술에서 이 2 종교를 구별하는 것은 불가능하다. 중부 자바의 고대 사원을 불교 사원과 힌두교 사원으로 분류하지만, 이것은 불교와 힌두교라는 종교에 따르는 분류법으로 양자는 매우 유사하다. 자바 섬의 불교와 힌두교

스투파(인도 나가루쥬나콘다 출토, 기원 3세기)

사원은 외견상의 차이는 없지만, 보로부두르는 자바 섬의 다른 사원과는 그 형태가 전혀 다르다.

고대 자바의 사원은 그것이 불교 사원이든 힌두교 사원이든 간에 '차이티야'<sup>예배 공양의 대상물</sup>, 불상 혹은 힌두교 신상을 안치하는 사당과 승원으로 분류할 수 있다. 그렇다면 보로부두르는 넓은 의미로 차이티야<sup>예배 공양의 대상물</sup>에 가까운 건축이다. 그렇지만, 보로부두르와 같은 형태의 차이티야 혹은 불탑은 인도나 인도문화권에서 볼 수 없는 자바 섬의 독자적인 조형이다. 따라서 보로부두르를 불교 사원<sup>찬디 보로부두르</sup> 혹은 불탑<sup>스투파</sup>이라고 부르는 것은 오해를 불러일으킬 여지가 많다.

만약 보로부두를 불탑이라고 한다면 인도에도 없는 불탑이 어떠한 경로를 통해서 당시 중부 자바에 전래 된 것일까? 자바 섬은 물론 수마트라 섬에서 보로부두르와 같은 유형의 불탑은 보이지 않는다. 보로부두르 불상과 부조를 제외하면, 인도의 종교 건축과는 처음부터 전혀 다른 기능을 가지고 있었을 가능성도 있다. 보로부두르를 불탑이라고 한다면 왜 인도에 보로부두르와 같은 형태의 스투파가 존재하지 않고, 자바 섬의 사원 대부분은 '차이티야 그리하'인 것은 무엇 때문일까?

인도와 스리랑카에는 많은 스투파<sup>불탑</sup>가 남아 있다. 그러나 인도와 스리랑카의 불탑은 시기적으로 불상이 제작되기 이전의 기원 전후에 세워진 것이다. 이 시

스투파(인도 아잔타 26굴, 6세기 전반)

대는 아직 불상이 만들어지지 않았던 시대로 흔히 '무 불상 시대'라고 한다. 당시 불교에서 예배 대상으로 가장 중요시했었던 것은 '스투파'였다. 인도 아잔타 석굴의 제1기 스투파는 반구형 복발 위에 천개가 있는 원초적인 형태를 하고 있다. 그런데 제2기 스투파는 기단에 불상을 수반하고 있다. 따라서 시대의 추이와 함께 예배 대상이 스투파에서 불상으로 이행해 가는 것을 알 수 있다. 그 후 불교문화권에서는 시대가 지나면서 불탑보다는 불상 제작에 정력을 쏟는다.

보로부두르가 만들어진 8세기부터 9세기에는 불상 숭배가 활발했던 시기였다. 보로부두르와 같은 유행이 지난 불탑?을 중부 자바에 만들 필연성은 어디에 있었던 것일까? 물론 보로부두르에도 504구의 불상이 안치되어 있지만, 보로부두르의 기본 구조는 실내 공간에 불상을 안치하는 사원과 인도형 스투파가 아니라 계단식 피라미드라는 점이 중요하다.

즉 보로부두르가 표현하는 건축 공간은 다른 동시대 불탑·사원과는 구조와 형태가 전혀 다르다. 인도에도 유사한 불교·힌두교 건축이 없다는 점이 문제가 된다. 보로부두르가 건립된 8~9세기 불교의 예배 대상은 불상이었다. 그러면 불탑보다 불상이 예배 되고 있었던 시대에 내부 구조가 없는 특이한 피라미드형의 거대 건조물을 축조한 것은 무엇 때문이었을까? 이러한 단순한 질문에 이론적으로 이해가는 답을 주는 연구가 없다.

보로부두르

보로부두르와 활화산 메라피

　샤일렌드라 왕국은 8세기 중반부터 9세기 중반에 걸쳐서 번성했다. 그 후 중부 자바에는 마타람 왕국이 대두했다. 마타람 왕국은 힌두교를 신봉하였고, 이 왕국도 10세기 초기에 그 세력을 잃어간다. 비문 연구에 의하면 8세기 중부 자바에는 2개 왕국이 존재하고 있었다. 그러나 이들 왕국이 어떻게 성립하여 어떠한 관계였는지는 아직도 명확히 알려지지 않았다.

　정치의 중심이 10세기 이후 동부 자바로 세력을 옮긴 후 보로부두르는 그 기능을 잃어가고 점차 역사의 무대에서 사라진다. 정상부의 불탑은 무너져 내렸고, 화산재가 쌓여 유적을 덮어, 시간이 지나면서 나무와 풀들이 자라서 정글로 변해간다. 그 후 보로부두르라는 세계 최대 불교 유적은 자취를 감춰서 사람들 기억에서조차 잊혀 간다.

　보로부두르를 재발견 한 것은 영국인 토마스 스탠퍼드 래플즈이다. 19세기가 되면서 프랑스혁명 후 나폴레옹이 이끄는 프랑스군의 아시아 진출을 두려워한 영국은 1811년에 자바 섬을 장악한다. 1814년 네덜란드령 동인도에 파견된 영국 식민지 통치관 래플즈는 자바 섬에 남아 있는 많은 사원유적을 답사하고, 역사 무대에서 사라진 보로부두르를 발견하는 등, 그는 동남아시아 근세사에 큰 업적을 남긴다.

래플즈의 저서 『자바사』안에 당시 보로부두르 전경을 그린 그림이 소개되어 있다. 당시 보로부두르 상부는 대부분이 무너져 있고, 제1회랑 아래는 흙더미로 뒤덮여 있다. 네덜란드인 코르네리우스는 보로부두르 그림 39장을 남겼다. 그러나 코르네리우스가 그린 그림은 공개되지 않은 채 유실되었다. 코르네리우스는 1814년에 약 2,000명의 근로자를 동원해서 한 달 반 동안 보로부두르를 덮은 수목과 흙더미를 제거했다. 이 작업이 약 1,000년 동안 잊혀진 보로부두르를 환생시킨 최초의 복원 공사였다.

그 후 1907년부터 1911년에 걸쳐서 네덜란드 식민지정부가 보로부두르를 복원한다. 공사 책임자는 네덜란드군 공병장교 반 에리프였다. 1908년의 사진을 보면 정상부 불탑이 마치 엿가락처럼 녹아내린 모습을 하고 있다. 1970년대 초반까지도 보로부두르 방형 주벽이 무너져 내릴 것 같이 기울어져 있었다. 당시 보로부두르는 상당히 위험한 상태에 있었던 것을 국립인도네시아고고학연구소에서 응급 복원 작업을 시작한다. 그 후 인도네시아정부는 유네스코 지원을 받아서 1974년부터 1983년까지 약 10년에 달하는 복원 공사가 이루어진다. 하지만, 지금도 보로부두르는 자바의 잦은 지진과 화산으로 수리와 복원이 계속되고 있다. 최근에는 산성비와 곰팡이 균에 의한 부식으로 풍화가 진행되어 유적 보존에 심각한 문제를 제기하고 있다.

중부 자바기 7세기 후반부터 10세기 중반 역사는 지금도 충분히 해명되

복원 전의 보로부두르

1943년 발굴 당시의 구기단

지 않았다. 현재 많은 수의 비문이 자바 섬에서 발견되었다. 또한, 중부 자바 사에 관련되는 비문이 말레이반도나 인도에서도 발견되었다. 하지만, 문헌자료의 기록 내용도 매우 단편적이어서 자바 사 연구를 한층 곤란하게 하는 모순점도 적지 않다. 따라서 지금까지 중부 자바 사 연구는 증명되지 않은 가설 위에 새로운 가설이 제기된 상태이다.

미완성의 부조(구기단)

보로부두르에 대해서도 여러 가설이 제기되었다. 그중에서 정설이라고 할 수 있는 것은 보로부두르 건립자는 8세기 후반~9세기 전반에 중부 자바를 지배하고 있었던 샤일렌드라 왕조였다는 점이다. 또 하나는 샤일렌드라 왕조가 대승불교도였다는 점이다. 최근 비문 연구 결과 보로부두르 조영에 착수한 것은 샤일렌드라 왕조의 사마라퉁가 왕812~832년으로 밝혀졌다. 그의 사후 발라푸트라 왕835~856년과 푸라모다바루다니 여왕856~? 형제간의 권력 싸움에 의해서 보로부두르는 미완성인채 공사가 끝나버렸다고 하는 단편적인 사실도 유력시되고 있다.

누나와 남동생 간의 내분은 샤일렌드라 왕조 자체의 존속에도 영향을 끼쳤다. 권력 싸움에 이긴 여왕의 남편은 힌두교 마타람 왕조의 후예 라카이 피카탄이었다. 당시 샤일렌드라 왕국의 지배 아래 있었던 라카이 가룽 왕으로부터 왕위를 계승한 라카이 피카탄은 야심가였다. 왕국의 부활을 꿈꾼 그는 샤일렌드라 왕국의 푸라모다바루다니 공주와 정략결혼을 한다. 그 후 라카이 피카탄 왕은 부인을 획책하여 남동생을 왕위에서 몰아내고 자신이 왕이 되어 중부 자바를 장악한다.

비문의 전하는 내용은 샤일렌드라 왕조의 극히 단편적인 부분에 지나지 않는다. 구체적으로 보로부두르를 언제, 누가, 왜, 어떻게 만들어졌는가에 대해서 전하는 기록은 발견되지 않았다. 따라서 비문의 고증, 혹은 문헌 연구로는 보로부두르 성립과 존재 이유를 설명할 수 없다. 결국 이러한 질문에 답하려면 자바의 고대사 안에서 보로부두르 조형 성격을 종합적으로 파악할 수밖에 없다.

보로부두르를 멀리서 바라보면 인도의 불탑 산치 대탑<sub>기원전 2세기</sub>을 연상시킨다. 보로부두르 부조는 산치 대탑 부조 영향을 받았고, 보로부두르 그 자체가 일종의 불탑일 가능성도 있다. 불탑은 기본적으로 석가 유골이나 유품

보로부두르(동남)

을 안치한 것이다. 그러나 보로부두르는 흙을 성토하여 그 표면만 석재로 치장한 피라미드형 구축물이다. 보로부두르를 단지 인도 불교 영향이라고 하기에는 너무나 복잡하고 다양한 양상을 나타내고 있다. 다시 말해 불교 미술의 원류인 인도에서 찾아볼 수 없는 독창적인 구조를 하고 있다는 점이 문제가 된다.

보로부두르는 아래에서부터 순서대로 1층 방형 기단<sub>현재 2층 기단</sub>, 4층 계단식 피라미드, 3층 원형 단, 정상의 첨탑 등 4개 부분으로 이루어졌다. 이 중에서 가장 중요시되는 것은 1층 기단과 4층의 계단식 피리미드이다. 왜냐하면, 거기에는 불교 경전을 바탕으로 한 많은 부조가 새겨져 있기 때문이다. 또 3층 원단에는 전부 72기의 소형 불탑이 세워져 있다. 이 소형 불탑 안에는 각각 석가여래상이 안치되어있다. 원단의 제1층 위에 32개, 제2층 위에 24개, 제3층 위에 16개 석가여래상이 안치되어 있었다. 정상의 첨탑은 기저부 지름 9.9m, 높이 10m이다.

원래 보로부두르 설계 당시의 건축 구조는 높은 언덕 위에 8층의 계단식 피라미드였다. 그러나 건립 과정에서 여러 가지 이유로 설계를 변경하게 된다. 특히 현재 기단은 붕괴를 방지하기 위하여 2층으로 변경한 것이다. 따라서 보로부두르는 현재 9층이지만 2층 기단은 응급조치로 생긴 옹벽으로 원래 설계에서 변경된 것이다. 일부 저서에서 보로부두르를 9층 혹은 10층으로 보고 그 숫자에 특별한 의미를 부여하여 그것을 근거로 보로부두르 성격을 논하고 있다. 이러한 견해는 보로부두르 연구에 그다지 도움이 되지 않는다.

원래 보로부두르 구조는 5층 방형 피라미드, 3층 원단, 정상의 첨탑이다. 보로부두르의 최대 특징은 내부 공간이 없다는 점이다. 자연 언덕 위에 흙을 쌓아올려 그 표면을 약 $55,000m^3$에 달하는 안산암 블록을 사용하여 피라미드로 치장한

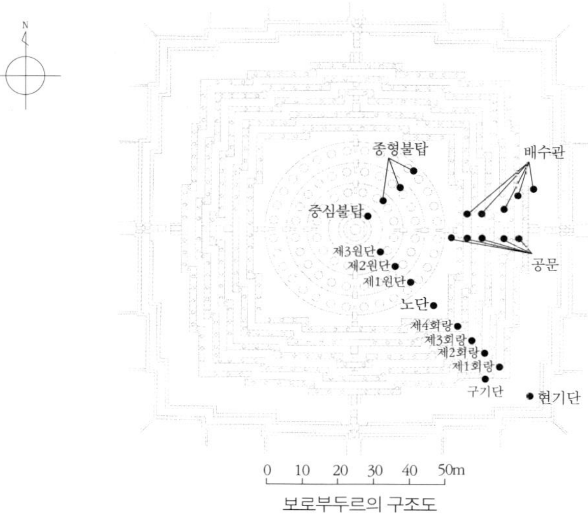



보로부두르의 구조도

특수 구조이다. 즉 외관 자체가 조소적으로 표현되어 보로부두르는 하나의 거대한 석조 조각 작품이다.

1814년 래플즈가 밀림 안에서 발견한 보로부두르는 그 후 지진과 열대의 자연 조건에 의하여 붕괴 위기에 직면한다. 이러한 위기는 국제 협력에 의해 복원에 성공한다. 그리고 복원 공사 중에 지금까지 알려지지 않았던 새로운 발견이 있었다. 복원 이전까지 보로부두르는 막연히 자연 언덕 위에 세워졌다고 생각했었는데 복원 과정에서 자연 언덕 위에 흙을 쌓아올려 인공으로 성토한 것이 밝혀졌다. 동남의 세 개 자연 언덕과 서북 두 개의 언덕을 하나의 큰 산 모양으로 성토했던 것이 알려진다.

고대 자바 사람들은 보로부두르를 건설하는데 앞서 우선 큰 산을 쌓아 올리는 토목 공사를 했다. 거대한 인공 산 표면에 많은 석재를 쌓아서 계단식 피라미드를 건조한 것이 보로부두르이다. 즉 보로부두르는 인도 원분 형의 스투파와는 기본적으로 다른 구조이다.

'인도화'되기 이전 동남아시아 고유의 기층문화가 존재한다. 이러한 기층문화의 가장 현저한 특징은 조상숭배와 산악숭배가 융합하여 축조한 피라미드 신전영묘이다. 선사시대 피라미드 유적은 수마트라, 자바, 발리에서 발견되었고, 이러한 신전은 조상신이 강림하는 장소로 숭배했다. 보로부두르도 이러한 원시종교를 배경으로 탄생한 피라미드 신전으로, 그 표면에 불교가 더하여진 구축물이라

할 수 있다.

보로부두르를 건립한 것은 샤일렌드라 왕조였다. 그러나 샤일렌드라 왕조의 출자에 대해서는 '수마트라 출신 설'과 '중부 자바 출신 설', '부남국캄보디아 출신 설'이 있다. 어느 설이 사실일지는 앞으로 밝혀야할 연구 과제이지만, 당시 불교 예배의 대상은 불상이 선호되었던 시기였다. 이것은 샤일렌드라 왕조가 중부 자바에서 보로부두르를 축조하는데 자바 토착의 피라미드 신전영묘을 염두에 두었던 것을 쉽게 감지할 수 있다. 그것은 민중을 교화하여 왕권을 과시하는 수단으로 토착 신앙의 중심이 되는 조형물을 만드는 것이 현명하다고 판단했기 때문이다. 자바 토착 영묘신전에 대승불교 이념으로 포장시킨 것이 바로 보로부두르이다.

## 보로부두르의 불상과 부조

찬란한 불교 미술 보로부두르의 매력은 불상과 부조이다. 안산암을 조각한 500구에 달하는 불상은 모두 둥글고 온화한 얼굴을 하고 있다. 보로부두르 불상은 민족과 종교를 초월해서 보는 이들을 매료한다. 계단을 올라 각 회랑을 돌아보면 이들 불상 하나 하나와 만날 수 있다.

불상은 높이 약 130cm로 결가부좌하고 있다. 그 조형은 인도 굽타 미술에 보이는 사르나트파 계통을 이어받고 있다. 예를 들어 신체를 휘감은 엷은 의복에는 옷 주름이 거의 나타나지 않는다. 이것은 명확히 인도 사르나트파의 전류를 나타내고 있다.

보로부두르 불상은 설계자의 의도에 의해 방향에 따라 수인이 다르다. 기단에서 제3층 주벽까지 감실에 안치한 불상은 동서남북이 각각 다르다. 동면의 92구 불상은 모두 촉지인을 하고 있다. 남면의 92구 불상은 여원인을 하고 있다. 서면의 92구 불상은 선정인을 하고 있다. 북면의 92구 불상은 세무이인을 하고 있다. 제4층 동서남북에 안치한 92구 불상은 설법인을 하고 있다. 3층 원단의 종형 불탑 안에 안치한 72구 불상은 전법륜을 하고 있다.

이렇게 기단, 주벽 제1, 제2, 제3, 제4 주벽 위의 벽감 안에 안치한 불상은 동서남북 각 방향에 따라서 수인이 다르다. 이러한 불상 안치는 설계상의 일정한 규칙을 인정하지 않을 수 없다. 방향에 따라서 불상 종류가 다른 것은 보로부두르 설계자가 밀교 만다라를 입체적으로 구현한 것이라 한다.

제1~제4층의 감실과 불상(보로부두르)

아촉불(동면)　　　　　　　　　　　　　아미타불(서면)

보생불(남면)　　　　　　　　　　　　　불공성취불(북면)

　　기단, 제1, 제2, 제3층 주벽 위의 각 벽감에 안치한 동면은 아촉불, 남면은 보생불, 서면은 아미타불, 북면은 불공성취불이다. 제4층 주벽 위의 불상은 모두 비로자나불이다. 이렇게 제1~제4층 방형 주벽 위에 합계 432개의 감실 안에 여래상이 안치되어 있다.

원단의 석가모니불

3층 원형 단

3층 원형 단 제1층에 32기 소형 불탑, 제2층에 24기 소형 불탑, 제3층에 16기 소형 불탑 안에 초전법륜인의 석가여래상이 안치되어 있다. 이 3층 원단은 불교에서 무색계라고 불린다.

보로부두르의 불상 배치는 피라미드 하층에서 상층으로 올라감에 따라서 점차 세속적인 유형의 세계에서 무형의 세계로 승화해가는 상황을 구상화하고 있다. 석재를 인공의 산 위에 피라미드로 쌓아 올리는 것만으로 건축가는 욕계, 색계, 무색계라고 하는 불교의 우주관을 보로부두르에서 구현하고 있다. 불교문화권 안에서 가장 찬란하게 핀 정화이다.

| 석불의 위치 | 불상 수 | 존명(인상) |
| --- | --- | --- |
| 기단 및 제1~3회랑 동면 | 92개 | 아촉불(촉지불) |
| 기단 및 제1~3회랑 남면 | 92개 | 보생불(여원인) |
| 기단 및 제1~3회랑 서면 | 92개 | 아미타불(선정인) |
| 기단 및 제1~3회랑 북면 | 92개 | 불공성취불(세무외인) |
| 제4회랑 | 64개 | 금강여래/석가여래(설법인) |
| 원형 불탑 | 72개 | 비로자나불(전법륜인) |
| 계 | 504개 | |

보로부두르의 최대 매력과 가치는 방형 기단에서 제1층, 제2층, 제3층, 제4층 회랑 주벽에 있는 1,460면의 부조이다. 이들 부조는 모두 불교 경전을 전거해서 이야기가 새겨져 있다. 부조를 통해서 참배자들에게 석가의 가르침을 설한다. 따라서 보로부두르 축조 당시에는 부조 내용을 정확하게 해설할 수 있는 승려가 있었다고 생각한다.

보로부두르의 부조(제1회랑 주벽)

보로부두르의 설계자는 상당히 불교 경전에 통달한 승려였을 것이다. 몇 명의 고승을 중심으로 해서 불교 경전을 배운 많은 승려가 일정한 구획의 도안을 담당하여 공동 작업으로 부조가 새겨졌을 가능성이 크다. 승려가 우선 석공에게 불교 경전 내용을 강의하거나 그림책으로 설명했을 것이다. 조각가가 직접 불교 경전을 읽고 배워서 부조를 새긴 것은 아니다. 부조 내용은 승려가 경전 도안을 정하여 조각가에게 지시한 것으로 생각한다.

보로부두르 부조는 단순한 장식과 불교 경전을 연속으로 조각한 것으로 대별할 수 있다. 안산암의 꺼칠한 표면에 깊이 새긴 '고 부조'가 특징이다. 창건 당시 하층에서부터 돌쌓기 공사가 진행함에 따라 완성한 석벽에 조각가들이 부조를 차례로 새겨 넣었다. 이러한 작업 과정은 지하에 매몰해서 만들다 만 미완성 부조를 통해서 알 수 있다.

장식부조(범천, 제1회랑 난순 외벽)

장식 부조는 극히 다종다양하다. 기단 주벽 부조 평방<sup>총수 408면</sup>, 각 회랑 난순의 장식 평방<sup>패널</sup>, 감실, 희랑에 새겨져 있다. 이들 장식 부조는 화병, 향로, 연꽃 등 이다. 또는 남녀, 천인, 나찰, 왜인이 있다. 그 밖에도 꽃, 당초문, 소용돌이 문양, 나선 등의 연속 문양이 있다. 카라·마카라, 킨나

킨나리 칸나라

리, 가루다, 나가, 사자 등의 자바 미술 특유의 종교적 우상과 각종 동물 도안도 있다.

각 회랑의 불교 경전 부조는 기본적으로 동쪽 중앙 계단에서 시곗바늘 방향<sup>남→서→북</sup>으로 이야기가 전개해 간다. 회랑 안에 들어서면 좌우에 벽면이 있다. 전방을 향해서 오른쪽이 주벽, 왼쪽이 난순<sup>난간</sup>이다. 보로부두르 부조와 경전과의 관계를 밝히는 비정 작업은 과거 오랜 세월에 걸쳐서 많은 연구자가 여러 가설을 제시하고 있지만, 지금도 미비정의 부조도 적지 않다. 구 기단에서 제4회랑까지의 부조 출전은 다음과 같다.

| | | |
|---|---|---|
| 구기단 | 『마하 가루마비항가』(『분별선악응보경』) 천상계와 지옥 | 160면 |
| **제1회랑** | | |
| 주벽 상단 | 『랄리타비스타라』(『방광대장엄경』) | 120면 |
| 주벽 하단 | 자타카와 아바다나설화(비유경) | 120면 |
| 난순 상단 | 자타카와 아바다나설화 | 372면 |
| 난순 하단 | 자타카와 아바다나설화 | 128면 |
| **제2회랑** | | |
| 주벽 | 『간다보하』(『화엄경입법계품』) | 128면 |
| 난순 | 『간다보하』(『화엄경입법계품』) 및 자타카와 아바다나설화 | 100면 |
| **제3회랑** | | |
| 주벽 | 『간다보하』(『화엄경입법계품』) | 88면 |
| 난순 | 『간다보하』(『화엄경입법계품』) | 88면 |
| **제4회랑** | | |
| 주벽 | 『간다보하』(보현보살행원찬『화엄경입법계품』) | 84면 |
| 난순 | 『간다보하』(『화엄경입법계품』) | 72면 |

## 구기단

한편, 현재의 기단 하부는 조영 중에 보강을 위해서 새로 축조된 것이다. 현재 기단의 하부 안쪽에 원래 기단<sup>구기단</sup>이 있고, 그 구기단 동서남북 벽면에 160면의 부조가 있다. 숨겨진 기단 부조 160면<sup>국제 표기: O1~O160</sup>의 평방<sup>패널</sup> 크기는 폭 200cm, 높

구기단의 부조(보로부두르)

추한 얼굴이라는 비문이 새겨진 부조(보로부두르)

이 67cm이다. 산스크리트어 경전 마하 가루마비항가<sup>분별선악응보경</sup>에 따라서 인 과응보를 구체적으로 표현한 것이다. 그 러나 현재 유감스럽게 이들 부조는 기단 내부에 묻혀 있어 남동 구석 4면만이 공 개되고 있다.

구기단 전 160면의 부조 내용 은 천상계와 지옥을 묘사하고 있다. 특 히 현세에서 행한 인간의 악업을 새긴 부조로 이러한 악업에 의해서 인간은 사 후 지옥에 간다고 가르치고 있다. 한편, 160면 부조 안에는 인간이 행하는 선업 도 강조되어 있다. 보시, 견법, 공경의 광 경이 많이 묘사되어 있다. 이 부조는 사 람의 이상적 선업 행위를 그리고 있다. 이러한 선업 행위 결과 인간은 사후 천 상계에 다시 태어날 수 있다는 내용이 다. 마지막 평방의 약 35면에서 천상계 의 풍경을 전하고 있다.

현재 공개되고 있는 4면의 평 방은 160면 전반부 '10악업도'의 음주, 매춘, 절도를 경고 하는 장면이다. 또 원한이나 고민이 많은 사람에게 나타나는 추한 얼굴 모습이 새겨져 있다. 평방 상부에 카위 문자로 추한 얼굴이라는 비문이 새겨져 있다.


## 제1회랑

보로부두르 회랑 부조 가운데 조각적으로 가장 뛰어난 곳은 제1회랑 주벽 이다. 부조 내용도 알기 쉬운 장면으로 제1회랑 주벽 상단이 석가의 생애를 묘사한 불전도이다. 하단 120면은 석가의 전세 선행 이야기인 본생담을 주제로 하고 있다. 보로부두르 제1회랑 하단 본생담은 상단의 불전도와는 달리 출전을 알 수 없는 장면

제1회랑

이 많다.

　　불교에서는 사람은 태어나기 이전에 전세가 있었다고 한다. 석가도 이 세상에 태어나기 전의 많은 전세 이야기가 전해지고 있다. 석가의 전세 이야기는 다종다양하다. 어떤 세상에서는 왕자로 태어나, 또 다른 세상에서는 코끼리나 원숭이로 태어났다. 전세에 코끼리로 태어났었을 때 코끼리석가는 사람을 도와서 선업을 쌓고, 그 위대한 선업에 의해서 사후 석가로 탄생한다는 이야기도 있다. 이러한 석가의 다양한 전세 이야기는 본생담자타카이라고 한다.

　　석가 전생 이야기는 스리랑카나 동남아시아에 전해지는 상좌부 불교의 경전『남전대장경』전 65권 안에 상세하게 기록되어 있다. 『남전고대장경』은 원래 인도의 팔리어로 기록된 것으로 전 547종의 전생담이 전해지고 있다. 보로부두르 제1회랑 주벽 하단과 난순 부조는『남전고대장경』547종의 본생담에 따라 새겨진 것이다. 하지만, 당시 보로부두르 조각가는 경전 내용을 있는 그대로 조각한 것이 아니다. 어떤 내용은 여러 장면을 사용해서 이야기를 알기 쉽게 표현했고, 어떤 내용은 이야기 한두 장면만을 사용해서 묘사된 것도 있다. 또한, 부조 주제는 불교 경전에 나오는 이야기이지만 실제로 조각을 한 사람은 자바인이기 때문에 그들이 표현한 세계는 자바 풍경이다. 이러한 과정에서 547종의 본생담은 자바인의 취사선택이 이루어졌고 직역이 아닌 의역도 있다. 그때문에 출전 내용이 불분명한 부조들이 있어, 부조의 해석을 둘러싸고 논쟁이 되고 있다.

제1회랑 주벽 상단 120면 부조<sup>폭 220~230×높이 81cm</sup>는 산스크리트어 불교 경전 『랄리타비스타라』<sup>『방광대장엄경』</sup>의 내용을 문면 그대로 새겨놓고 있다.

제1회랑 주벽 하단<sup>평방 크기 220~230×83cm</sup>, 제1회랑 난순 상단, 하단 및 제2회랑 난순 부조 합계 720면에는 본생담 및 아바다나<sup>경건한 불교 신자의 전생 이야기</sup>가 묘사되어 있다. 그중 460면은 불교 경전 내용의 비정이 완료되었지만, 260면은 아직도 미비정인 상태이다.

제2회랑 난순 석불과 주벽 부조

## 제2회랑~제4회랑

제2회랑 주벽<sup>평방 크기 165~168×113cm</sup> 128면, 제3회랑 주벽<sup>크기 290~330×100cm</sup> 88면 및 난순 88면, 제4회랑 난순 부조 84면<sup>합계 388면</sup>의 부조는 산스크리트어 '간다보하'<sup>방광대화엄경 입조계품</sup>의 내용을 새겨놓고 있다. 선재동자가 53명의 선지식을 방문하여 가르침을 받은 순례 이야기를 2회에 걸쳐 반복 묘사하고 있다. 마지막으로 제55회에서 보현보살의 가르침을 받아 선재동자는 가르침을 얻는다는 내용이다. 제2회랑 난순 100면은 쟈타카와 아바다나의 내용에 기초를 둔다고 하는 설과 전체 내용을 보충하는 설도 있지만, 그 주제는 아직 해명되지 않았다.

보로부두르 부조 안에서 당시의 조각가가 가장 많이 묘사한 경전은 『간다보하』이다. 『간다보하』는 산스크리트어 경전 명으로 그것을 한역한 것이 『화엄경』 입법계품이다. 『간다보하』는 원래 단독의 불교 경전이었다. 이 불교 경전은 당시 샤일렌드라 왕국의 승려가 매우 중요시했다. 하지만, 보로부두르에 2번이나 반복해서 선재동자 순례기가 채용되었는지는 알 수 없다. 보로부두르

비구와 대중이 석가의 성도를 경하하는 장면(제2회랑 주벽)

제2회랑 부조(보로부두르)

설계자의 의지인지 혹은 후원자인 샤일렌드라 왕조의 주문이었는지 알 수 없다. 여하튼 선재동자 순례기는 보로부두르 부조의 중요한 소재였다. 선재동자 순례기 부조는 제2~제4회랑 주벽과 난순에 계속된다.

제3회랑(선재동자가 보살을 찾아가 가르침을 청하는 장면)

보로부두르 회랑 부조는 경전 『간다보하』에 등장하는 선지식을 처음부터 끝까지 순서대로 정확하게 묘사하지 않고 있다. 이야기가 도중에 끊어지거나 되풀이되거나 한다. 일부 연구자는 현재 남아있지 않는 별도의 경전이 있었을 것으로 추정하는 견해도 있다. 왜 이렇게 되었는지 명확하게 알 수 없다.

그런데 선재동자는 어떤 사람이었을까? 동자는 보통 어린 남자아이를 뜻하지만, 경전에서는 천진무구한 어린이처럼 불법을 구하는 젊은이를 지칭하는 말로 천진무구한 청년 구도 승이라고 할 수 있다. 『대방광불화엄경』 입법계품 맨 처음 부분인 문수사리보살과 만나는 과정에 다음과 같이 기록되어 있다.

선재동자를 수태했을 때, 동자 집에 있었던 7개 보물 곳간이 나타났다. 그리고 동자가 태어나자 방에 500개나 되는 보물이 들어간 보기가 나타난다. 동자 아버지가 점술사인 브라만에게 동자를 보여주자 브라만은 고마운 아이의 탄생이라 하여 선재라고 이름을 지었다.

선재동자는 55명의 성자를 방문해서 보살행에 대해서 가르침을 구하는데 그 목적은 깨달음을 얻기 위해서였다. 순례지에서 만난 성자는 보살 5명, 비구 5명, 비구니 1명, 우바이<sup>여성 신도</sup> 4명, 무역상과 장자<sup>부자</sup>가 10명, 천인 1명, 여신 10명, 브라만 2명, 선인 1명, 왕 2명, 출가 외도<sup>수도승</sup> 1명, 동자 4명, 동녀 3명, 뱃사공 1명, 성인 1명, 성녀 1명이다.

선재동자의 오랜 구도 여정은 『입법계품』 안에서 인도 남쪽 지방을 향하고 있는 것을 알 수 있다. 여기저기 보이는 지명을 보면 남인도를 주로 순례했던 것 같다. 순례 후반에는 인도 중부를 순례하고 있다. 그러나 전체 순례 여정을 보면 28번째 관세음보살을 만나고 나서 그다음은 하늘을 날아서 인도 중부와 천상계에 이르고 있다.

제4회랑 주벽 72면 부조<sup>크기 218~225×105cm</sup>는 《보현보살행원찬》 62게송을 묘사했다. 하지만, 경전 내용이 추상적이어서 그런지 그 묘사에 고심한 흔적이 있고 그 중에는 내용을 알 수 없는 기묘한 표현도 있다.

총수 1,460면 부조는 참배자를 위한 설법용 교재였다. 당시 보로부두르에는 부조를 설법한 승려가 있었다고 추정된다. 그로부터 긴 세월이 지나서 보로부두르는 재발견되었다. 20세기 초기 이후 여러 학자가 부조 해석을 모색한다.

제4회랑 주벽 부조

미륵궁에서 선재동자가 하늘을 날으는 장면(제4회랑)

원단(보로부두르)

원단의 불상(보로부두르)

그러나 보로부두르 부조 가운데 어느 경전에 근거하여 어떤 이야기를 묘사한 장면인지 불분명한 것도 많다. 조각가가 내용을 명백하게 이해하지 못했거나 표현하지 못했을 수도 있다. 또한, 넓은 벽면을 메우기 위해서 단순히 장식한 부분도 있을 수 있다.

보로부두르의 불상과 부조는 순 인도 예술 양식과 자바 고유의 남국적인 아름다움이 어우러진 자바 예술의 백미이다. 화면 안의 석가, 보살, 제천은 속살이 보일 듯이 교묘하게 표현되었다. 그 선은 부드럽고 윤곽도 뚜렷하다. 폭넓은 화면에 다수의 인물상, 수목, 누각, 민가, 동물 배경 묘사는 회화적으로도 걸출하다. 앙코르 와트 부조에는 힌두교 미술 독특의 격정과 환상이 소용돌이치고 있지만, 보로부두르 부조에는 굽타 계통을 잇는 높은 격식과 자바의 독특한 청초함이 가미되어 있다.

보로부두르 부조(제2회랑 난순)

반테아이 스레이 사원 파풍 부조(캄보디아)

네덜란드 고고학자 크롬은 보로부두르 부조가 큰 화면을 채우기 위하여 주제와 관계없는 불필요한 인물과 배경 묘사가 지나치게 많다고 한다. 그리고 표현 한계에 의한 생략법과 연속성의 결함을 지적하고 있다. 그러나 이러한 결점은 부조가 가지는 높은 예술성을 손상하는 것은 아니다. 필자는 현재 『찬란한 불교 미술의 세계 -보로부두르』를 집필 중이다. 방대한 보로부두르 부조에 대해서는 필자의 다음 책에 소개하기로 하고 제1회랑 불전도의 명장면만을 소개한다.

### 석가의 일대기 불전도

마야부인이 밤에 태몽을 꾸는 장면이다. 꿈속에서 흰 코끼리가 하늘에서 내려 와 오른쪽 옆구리로 태내에 들어간다.

출산을 앞둔 마야부인이 마차를 타고 룸비니 원으로 행차하는 장면이다. 화면 왼쪽에서 마차를 인도하는 것이 사천왕이고, 말 위에 타고 있는 인물이 등을 돌려 마야부인을 염려하듯 바라보고 있다.

정반왕이 태자의 출가를 막기 위해서 건립한 3개의 별궁을 묘사한 장면이다. 왕은 3개의 별궁을 세워서 아름다운 궁녀들에게 태자를 시중들게 한다. 궁전 안에서 2명의 시녀가 태자의 시중들고 왼쪽 궁전 안에는 거울을 보고 화장하는 궁녀의 관능적인 모습이 보인다.

태자가 북문을 나가서 사문(출가 수행자)과 만난다. 태자는 사문유출의 노인, 병자, 죽은 자, 수도승과 만나 출가를 결심한다.

궁녀의 추태를 보고 여색과 부귀영화의 무상함을 깨닫는다. 태자를 감시하던 궁녀들이 추악한 모습으로 잠들어 눕는다.

태자가 칸다카를 타고 하늘을 날아서 성을 떠나가는 장면이다. 말 앞에 양산을 받치고 있는 제석천과 범천이 보배의 길을 열었다. 태자의 출성 이야기의 부조는 인도에서도 많이 제작되었다.

태자가 출가하기 위해서 자신의 머리카락을 칼로 자르는 장면이다. 태자의 잘린 머리카락은 용기 안에 넣어져 제석천이 천계[33천]까지 가져가 공양을 드린다.

보살이 강에서 목욕하는 장면이다. 보살이 머리를 약간 숙이고 왼손으로 옷자락을 잡고 강으로 걸어가고 있다. 하늘에서 천인이 날아와 보살이 목욕하는 강물에 아름다운 꽃을 뿌리고 있다.

보살의 성도를 방해하는 악의 무리를 쫓아버리는 장면이다. 화면 중앙 보리수 아래에 보살이 항마촉지인을 하고 있다. 보살 좌우에 많은 무리의 악마들이 다양한 무기를 가지고 공격하고 있다. 화살과 독침은 보리수 밑의 보살 가까이에 도달하는 순간 꽃으로 변한다.

녹야원에서 비구, 제천<sup>여러 천인</sup>이 운집하여 석가의 설법을 듣는 장면이다. 화면 중앙에 설법인을 한 석가와 다섯 비구가 앉아 있다. 오른쪽에는 많은 보살이 석가의 설법을 듣고 있다.

석가 최초 설법은 불교의 근본인 고<sup>苦</sup>, 집<sup>集</sup>, 멸<sup>滅</sup>, 도<sup>道</sup>의 네 가지 진리<sup>四諦</sup>를 설하고 있다. 인생은 괴롭고<sup>苦諦,</sup> 괴로움에는 원인이 있다<sup>集諦</sup>. 그 원인은 갈애<sup>渴愛</sup>이므로 이를 제거하면 고통을 없앨 수 있으며<sup>滅諦</sup>, 그 나쁜 원인을 없애는 여덟 가지 방법이 있다<sup>道諦</sup>. 이 팔정도<sup>八正道</sup>가 석가의 가르침이다. 옳은 견해<sup>正見</sup>, 옳은 생각<sup>正思</sup>, 옳은 말<sup>正語</sup>, 옳은 행동<sup>正業</sup>, 옳은 생활<sup>正命</sup>, 옳은 노력<sup>正精進</sup>, 옳은 기억<sup>正念</sup>, 옳은 마음<sup>正定</sup>이 해탈에 이르는 길이라고 한다. 보로부두르 제1회랑 주벽 상단 부조 마지막 장면은 석가가 본격적으로 행한 설법 장면<sup>초전법륜</sup>으로 석가의 일대기인 보로부두르 불전도가 끝난다.

# V. 보로부두르 주변의 사원과 유적

### 찬디 파원

보로부두르 동쪽 1,750m 떨어진 곳에 찬디 파원이 있고, 동쪽 1,150m 떨어진 곳에 찬디 믄듯이 있다. 예전에는 보로부두르, 찬디 파원, 찬디 믄 듯은 일직선으로 이어진 참배 길이 있었다고 한다. 보로부두르와 찬디 믄듯 사이에는 엘로 강과 프로고 강이 흐르고 있다. 이 2개의 불교 사원에는 이른바 샤

보로부두르, 찬디 파원, 찬디 믄듯의 위치도

찬디 파원

일렌드라 왕조 미술을 대표하는 조상이 남아 있다. 일부 연구자들은 보로부두르를 순례하기 전에 명상을 하던 숙박 장소로 보는 견해도 있다. 하지만, 사원의 규모로 보아 많은 사람이 명상하는 장소라기보다는 샤일렌드라 왕조의 영묘로 추정하는 견해가 유력하다.

보로부두르는 동서남북의 방향에 맞추어서 건립되었는데 찬디 파원은 서북을 향하여 입구가 남서쪽에 만들어져 있다. 기단 형태는 중부 자바기 남방형으로 계단은 정면 한군데만 설치되

찬디 파원 복원도(국립인도네시아고고학연구소 제공)

어 있다. 계단은 카라·마카라 장식으로 꾸며진 S자형의 양 날개벽을 가지고 있다. 왼쪽 날개벽 바깥쪽에는 천계수, 앵무새, 금 항아리와 합장하며 기도하는 보살상과 시종의 부조가 있다. 보살상의 얼굴 부분이 결손 해 있지만, 조각적으로 훌륭한 작품으로 자카타<sup>석가 전생이야기</sup>를 주제로 하고 있다.

기단 크기는 높이 1.4m, 저변 9×7m이다. 그 위에 전실, 다른 세 측면 중앙에

날개벽 부조(찬디 파원)

천계수(찬디 파원)

돌출부를 만든 방형 당사가 세워져 있다. 옥개는 작은 스투파로 장식한 전형적인 '사당형 찬디' 양식을 답습하고 있다. 전실 입구의 파풍에는 카라·마카라 장식이 있는데, 귀면 카라 상의 조각 대부분이 유실된 상태로 복원되어 있다. 당사 측벽 중앙 벽면에는 20×30cm의 작은 창문이 2개씩 만들어져 있고, 그 아래 외벽에는 아름다운 칼파타루천계수의 부조가 새겨져 있다.

찬디 파원의 소형 창문은 장식용으로 생각하지만, 실제로 당사 실내를 밝게 하는 일정한 채광 역할을 했다. 하지만, 이러한 작은 창문은 중부 자바 사원에서는 극히 예외적인 것으로, 그 밖의 다른 사원에서 볼 수 없는 시설이다. 측벽 좌우 평방에 아름다운 자태의 다라보살이 부조되어 있다.

찬디 파원은 19세기 말에 거의 붕괴했던 것을 1903년 네덜란드 고고학자 게데스가 복원했다. 게데스는 남아 있었던 석재를 사용하여 원형에 가깝게 복원을 했다고 하지만, 옥개는 원래의 형태가 아니다. 게데스의 옥개 복원에는 당시 참고할 수 있는 자료가 부족했던 이유로 개작한 부분이 있다. 찬디 파원의 원래 형태는 정확히 알 수 없지만, 디엥 고원의 소형 찬디와 같은 형태였다고 추정하는 견해도 있다.

찬디 파원이 보로부두르와 찬디 믄듯을 잇는 직선 위에 있는 것은 우연히 아니라 어떠한 종교적 관련성이 있다고 한다. 즉 찬디 파원을 보로부두르 동면에 배치한 '전위 사원'이라고 보는 견해가 있다. 자바에서는 중심 사원의 정면에 '구베라 신재보의 신'을 제사 지내는 전위 사원을 배치하는 관례가 있다고 한다. 예를 들면 찬디 세우 중심의 사당 동면에 전위 사원 '찬디 아스'에 구베라 신이 모셔져 있다. 반 에리프는 찬디 파원 계단 날개벽 부조 안에 구베라 신이 새겨져 있는 것을 근거로 이 사원은 보로부두르의 전위 사원이라고 주장한다.

그러나 구베라 신은 부자의 상징으로 복스럽고 배부른 남자상으로 표현되고 있다. 또한, 반 에르프가 찬디 파원의 구베라 상으로 주장하는 인물상은 얼굴 부분이 결손 하여 있다. 부의 분배 자인 구베라 신이 자기가 뿌리고 다녀야 할 금 항아리 안의 재보에 공손하게 무릎 구부리고 합장하는 부조 구도는 내용상 구베라 신으로 보기에 매우 부자연스럽다. 또한, 찬디 파원의 예배 방향이 보로부두르를 향하지 않고 있다는 점도 문제가 된다.

드 카스파리스는 찬디 파원을 인드라 왕의 유해를 매장한 영묘 설을 제기한다. 824년 명의 가란텐가 비문이 인드라 왕의 죽음과 매장에 관해서 기록하고 있다. 하지만, 비문 내용은 극히 모호한 기록으로 '인드라 왕을 사원에 매장했다'는 기록만 있지, 그게 찬디 파원이었다고 단정할 만한 근거는 없다.

카스파리스의 찬디 파원의 인드라 왕 영묘설과 관련해서, 'Pawon'은 '재가 있는 장소'를 의미한다. 한편, 'Pawon'은 자바어로 '부엌'<sup>재가 있는 장소</sup>을 뜻하고 있다. 카스파리스는 이 말을 '왕의 유해를 매장한 장소'로 해석하고 있지만, 재가 있는 장소는 부엌만이 아니다. 파원이라는 이름은 참배자가 향을 피워서 심신을 맑게 하는 장소<sup>사원</sup>라는 반론도 제기되었다.

주실 벽감(찬디 파원)

찬디 파원은 마을 이름을 따라서 '찬디 브라자나란'이라고도 부른다. 이 명칭은 산스크리트어 'vajra'와 'anala'에서 유래하고, vajra는 '번개', vajranala는 '섬광'<sup>번개 불</sup>을 의미한다. 힌두교 신화에서는 번개의 신은 인드라 신으로 그의 무기인 금강저가 섬광을 상징한다. 찬디 파원에 매장된 인물이 인드라 왕이라고 한다면 이는 인드라 신<sup>뇌신</sup>의 이름과 같고, 찬디 주실 안에 '인드라 신상'<sup>왕의 초상</sup>을 안치했기 때문에 'vajranala'에 장소를 나타내는 접미사 an을 붙여 Brajanalan라는 지명이 생겼다는 설도 있다. 찬디 파원은 인드라 왕의 영묘라는 가설은 전혀 배제 할 수 없다. 현재 사당 안에는 아무런 신상이 남아 있지 않고 벽감에 카라·마카라 장식만 남아 있다.

중부 자바의 힌두교·불교 사원은 죽은 왕의 초상을 안치하여 모신 사례가 많다. 찬디 파원은 보로부두르의 전위 사원이라기보다는 보로부두르와 관련하는 샤일렌드라 왕조의 영묘였을 가능성이 크다. 사원 주위를 둘러쌓은 돌담의 흔적이 단편적으로 발견되고 있다.

찬디 파원은 규모면에서는 보로부두르와 비교할 수 없을 만큼 작은 사원이지만, 남아있는 부조는 조각적으로 뛰어나다.

특히 찬디 파원 외벽에 새겨진 천계수<sup>칼파타루</sup>는 부조 조각의 걸작이다. 자바인들은 보석으로 장식한 나무를 새겨서 하늘나라<sup>천계</sup>를 상징적으로 표현하고 있다. 이 생명의 나무 밑에는 재보를 넣은 항아리가 놓여 있고, 그 좌우로 천상계에 사는 반인 반조인 킨나리와 킨나라의 모습이 보인다. 하늘을 나는 천인의 모습도 실로 우아하게 묘사되어 있다. 당시 자바인은 천계수나 천인을 보는 것에 의해서 사후 천상계로 갈 수 있다고 믿었다.

찬디 파원의 부조는 보로부두르 건립의 선구적인 작품에 해당한다. 부조 수는 보로부두르보다도 훨씬 적지만, 세련되고 정교하여 고대 자바 미술 정화라 할 수 있다. 계단 오른쪽 마카라 머리 위에 큼지막한 성혈<sup>바위 구멍</sup> 하나가 새겨져 있다. 이 불교 사원 계단의 마카라 상에 성혈을 새긴 사람은 누구이고 무엇을 기원했는지는 알 수 없다.

## 찬디 믄듯

찬디 믄듯은 보로부두르와 함께 중부 자바의 마글랑 지구에 있는 불교 유적의 하나로 8세기 후반에 이 지역을 지배한 샤일렌드라 왕조가 조영한 불교 사원이다. 보로부두르에서 동쪽으로 약 3km 떨어진 곳에 있다. 현존 유구는 사원<sup>50×110m</sup> 터 경내의 남쪽에 남아 있지만, 북쪽에도 큰 건물 터가 발견되었다. 북쪽 건물 터는 목조의 승방으로 추정되고 있다. 인근에서 벽돌제 소형 불탑의 기단 터가 발견되어 승방에서 수행했던 승려들을 사후에 매장한 것으로 추정된다. 현재 찬디 믄듯은 석조 사당 1기만이 남아 있지만, 창건 당시 사원 내에는 많은 목조 건물과 벽돌제 스투파가 모여 큰 사원 군을 형성하고 있었던 것을 알 수 있다.

찬디 믄듯

중부 자바의 찬디는 대부분 정면을 동면 또는 서면을 하고 있는데 찬디 믄듯 입구는 남서에 있다. 찬디 믄듯과 찬디 파원의 정면은 자바의 일반 사원의 정면과는 다른 예외적인 배치이다. 보로부두르 동면 계단 아래를 기점으로 해서 동쪽에 일직선으로 이어지는 곳에 찬디 파원과 찬디 믄듯이 건립되었지

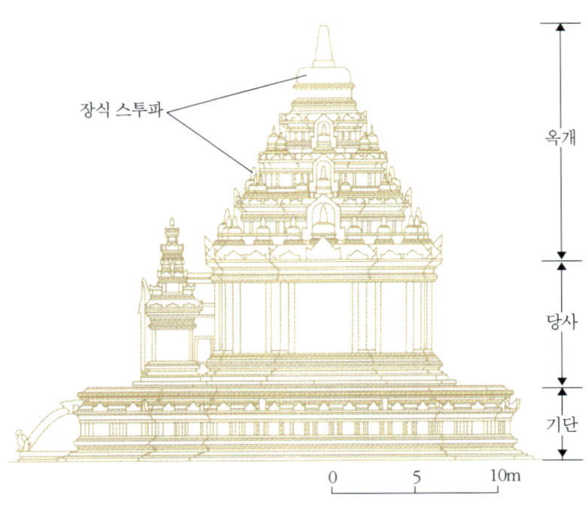



찬디 믄듯 복원도(국립인도네시아고고학연구소 제공)

만, 그 정면의 방향이 각각 다르다. 찬디 파원, 찬디 믄듯, 보로부두르가 일직선으로 배치된 것을 근거로 이들 사원은 거의 같은 시기에 건립한 것으로 여겨지고 있지만, 입구 즉 사원을 참배하는 방향이 다른 이유는 알 수 없다.

카스파리스는 찬디 믄듯을 건립한 왕을 인드라 왕782~812년이라고 주장한다. 인근 가란텐가 마을에서 발견된 824년 비문은 '사마라퉁가 왕'이 아버지 인드라 왕을 위해서 'Venuvana'라는 정사를 조영했다고 적혀 있다. 카스파리스는 이 베누바나 정사를 찬디 믄듯으로 비정했다. 믄듯의 어원을 산스크리트어 죽림정사 'Venu대나무-Vena숲-Mandira절'에서 유래한다고 한다. 만일 찬디 믄듯을 인드라 왕의 재위 중에 세웠다고 하면 믄듯 사원은 대체로 790~800년 건립으로 간주된다. 그러나 비문이 전하는 베누바나는 '찬디 누가원'으로 여겨져 카스파리스의 견해는 인정되지 않는다.

찬디 믄듯의 건립 연대를 추정하는데 유력한 자료가 되는 것은 당사 북벽에서 발견된 비문이다. 이 비문은 보로부두르 구기단의 '카위 문자'와 유사하여 찬디 믄듯 건립은 보로부두르보다 다소 이른 시기로 추정되고 있다.

샤일렌드라 왕조 소멸과 함께 찬디 믄듯도 역사의 중심 무대에서 잊혀 간다. 찬디 믄듯이 천 년의 잠에서 깨어나 또 다시 역사에 등장하는 것은 1834년경이었다. 당시 케두 분지 사원의 대부분은 화산재에 파묻혀 극히 일부만이 노출된 상태로 남아 있었다. 케두 지방의 행정관 하르트만이 찬디 믄듯을 처음 발굴 조사한다.

1901~1904년 브란데스에 의해서 복원이 시도되었지만, 자금과 기술 부족으로 실현하지 못한다. 그 후 1908년 반 에리프가 현재의 찬디 믄듯을 복원하게 된다. 하지만, 반 에리프는 연구 자료와 기술 부족으로 전실과 옥개를 미완성인 채 복원하지 못했다. 지금도 찬디 믄듯의 일각에는 제 자리를 찾지 못한 석재들이 산재해 있다.

그러나 반 에리프의 조사에서 현재 남아 있는 찬디 믄듯은 창건 당시의 것이 아니라 후대에 증축된 것이 판명되었다. 현재 유구 안에는 그보다 오래된 작은 데라코타<sup>벽돌</sup> 사원이 내장된 것이 발견되었다. 원래 사당은 완성된 상태였고 그 후 석재를 사용해서 더욱더 웅대하고 화려하게 증축한 것이 현재의 찬디 믄듯이다. 원래 사당의 기단과 당사 구조는 현재 유구와 유사하다. 당시의 자바에는 석재, 목재, 벽돌이 사원과 궁전 건축에 다양하게 사용되었던 것을 알 수 있다.

현재의 찬디 믄듯은 기본적으로 '북방형 찬디'를 답습하고 있다. 단 규모는 디엥 고원 사원이나 그동 송고 사원에 비해서 훨씬 크고 세부 수법이나 장식에도 예술성이 높다. 북방형 찬디가 시기적으로 오래된 것이지만, 찬디 믄듯은 북방형 찬디가 남부형 찬디로 이행하는 초기 사원으로 '중부형 찬디'라고 부르는 학자도 있다.

찬디 믄듯의 평면도를 보면 기본적으로 정방형이지만 전실을 돌출시켜서 당사 주위에 회랑을 돌리고 있다. 직사각형 기단<sup>28×24m</sup> 정면에 있는 폭 4.8m, 14단

계단의 날거벽 부조(남)

계단의 날개벽 부조(북)

거북이와 새의 이야기

의 계단에서 회랑<sup>높이 3.6m, 폭 2.5m</sup>에 이른다. 찬디 파원과는 비교할 수 없을 만큼 기단이 높게 쌓여있어, 묵직한 전형적인 중부 자바기 사원의 아름다움을 뽐내고 있다.

기단 단면은 찬디 파원과 유사하다. 중후한 기단 위의 처마 끝에는 배수를 위해서 양식화한 마카라 조각을 배치하고 있다. 기단 주벽 부조는 기하학문양, 당초문양 안에 천인, 가루다를 부조한 평방이 있다. 계단 날개벽 바깥쪽에는 액자로 둘러싸여진 6개의 직사각형 평방, 4개의 3각형 평방이 4단으로 배치되어 있다. 이들 평방 부조는 본생담, 판차타트라, 탄트리의 유명한 내용을 골라서 새겨놓은 것이다. 이러한 본생담 부조는 프람바난 지구 찬디 소지완 기단이나 그 밖의 사원에도 많이 볼 수 있다.

당사<sup>22.7×22.7m</sup> 정면 이외의 측벽은 중앙부를 폭 3.6m에 걸쳐서 65cm 정도 돌출시켜서 벽면 전체를 3개의 큰 부조 평방으로 분할하고 있다. 전체 높이는 26.5m로 추정되고 있다. 옥개는 3층 계단식 피라미드로 정상에는 큰 종형<sup>鐘形</sup> 스투파가 있었던 것으로 여겨지고 있다. 옥개는 수미산을 상징적으로 표현한 것이다.

당사 측벽 중앙 3면의 대 평방<sup>폭 3.5m, 높이 2.7m</sup>은 중부 자바에서 가장 큰 평방이다. 동북 면에 8비 다라보살과 협시 불, 서남 면에 4비 다라보살, 후면 중심에 4비 관음상이 새겨져 있다. 당사 네 측면 좌우, 계 8면의 평방<sup>폭 2.3m, 높이 2.7m</sup>에 8대 보살이 부조되어 있다.

천인 비상도

일부 남아있는 전실 양 측벽에도 뛰어난 부조가 새겨져 있다. 전실 입구를 들어가면, 우선 양 측벽에 중부 자바기 찬디 특유의 천계수<sup>천국의 나무, 생명의 나무</sup> 부조<sup>1.7×1.2m</sup>가 있다. 이 문양은 문자 그대로 천국의 나무를 표현한 것으로 꽃과 잎이 무성한 수목을 중심으로 그 밑에 재보를 넣은 항아리가 놓여 있다. 나무 상부에 천인, 반인 반조의 음악 신 킨나라·킨나리 혹은 앵무새가 새겨져 있다. 천계수 부조는 카라·마카라 장식과 함께 자바 미술의 장식 문양 안에서도 가장 우아하고 아름답다. 그러나 후대의 동부 자바기가 되면 천계수 문양은 현저하게 변형하여 하나의 독립한 장식으로 사용되지 않는다.

천계수

전실 천계수 안쪽의 양측 벽에도 훌륭한 부조가 있다. 입구 좌측에 귀자모신상<sup>하리티, 2×1.3m</sup>과 오른쪽에 비사문천<sup>2×1m</sup>이 유명하다. 하리티는 예전에 사람이나 아이를 잡아먹는 무서운 귀신이었지만 석가의 교화로 말미암아서 아이를 보호

귀자모신(하리티)

비사문천

하는 수호신이 된다. 아이들을 무릎 위에 앉힌 인자한 어머니 모습이다. 앵무새가 날아가고 나무에 기어오르는 아이들 모습은 화면 전체에서 조작가의 따뜻함이 전해져 온다. 반대편 벽면에 위엄 있는 아버지를 중심으로 그 주위에서 놀고 있는 아이들의 모습이 실로 귀엽다. 귀자모신과 비사문천 상부에 있는 천인 비상도도 이 시대 미술의 대표작이다.

주실 내부 평면은 사다리꼴 형으로 전면 폭 7.3m, 후면 폭 6.8m, 천장 높이는 4m이다. 이 주실 안에는 인도네시아 제일의 걸작이라고 하는 삼존상이 안치되어 있다. 본존은 석가여래 상, 양옆 협시는 관세음보살과 금강수보살이다. 찬디 믄듯의 삼존상은 균형 있는 체구에 힘이 가득 차 있다.

중앙의 석가여래는 초전법륜인 初轉法輪印을 하고 있다. 인도 굽타 미술에서 보이는 사르나트파의 계통을 이어받는 불상이다. 초전법륜인은 법륜을 돌리고 있는 손 형태로 석가가 성도 한 다음 처음으로 5 비구에게 녹야원에서 설법한 것을 상징적으로 표현하고 있다. 의자에 앉은 불상으로 인도 불상을 흉내 내고 있으면서도 인도 불상을 훨씬 뛰어 넘은 걸작이다.

본존 좌측에 관세음보살이 있다. 한쪽 발을 아래로 내린 유희 좌의 석상으로 머리 위에 관세음보살의 상징인 화불이 있다. 오른손은 모든 소원을 이루어 주는 시무외인을 하고 왼손은 연꽃을 쥐고 있다. 본존 우측에는 금강수보살이 있다. 오른손은 금강저를 들고 있고 왼손은 지면을 가르키고 있다. 이러한 삼존불 형식은 인도의 에로라 석굴사원에서 많이 볼 수 있다. 따라서 에로라가 밀교 석굴사원이었기 때문에 찬디 믄듯도 밀교와 관련하는 사원으로 생각한다.

삼존불은 모두 하나의 석제에 새긴 석상으로 얇은 대의와 당당한 체구 본존 높이

석가여래

관세음보살

금강수보살

관세음보살

제개장보살

다라보살

미륵보살

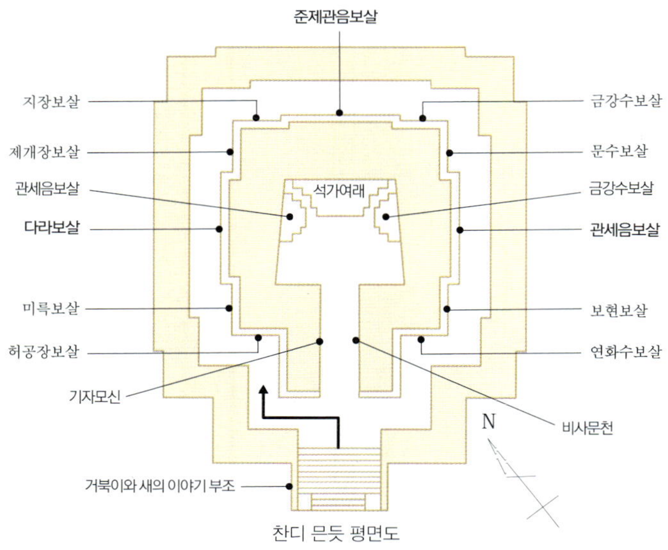



찬디 믄둣 평면도

**3m, 협시보살 2.4m**에는 절묘한 양감과 박력이 있다. 인도의 관능미를 느끼게 하지 않는 중용의 육체 묘사가 뛰어나다. 어딘지 꿈꾸는 것 같은 명상하고 있는 표정은 자바 섬의 민족적인 취향을 반영하고 있다. 중국에서 체계화하는 밀교 도상의 성립 과정을 해명하는 귀중한 자료이다.

당사 안 주벽에는 계 6개의 벽감이 있다. 주실 내벽 좌우에 있는 2개씩의 감실을 근거로 중앙의 본존과 함께 선정 오방불을 배치했다는 견해도 있다. 또한, 당사 외벽에 부조되어 있는 보살상 배치를 종합하여 이 당사 전체가 입체 만다라를 표현했다는 지적도 있다. 대체로 일본인 학자들은 찬디 믄둣과 보로부두르를 입체 만다라로 보고 있다. 하지만 불상 배치에서 밀교적 요소입체 만다라를 의식했을지는 모르지만, 보로보두르와 찬디 믄둣 자체를 입체 만다라고는 생각할 수 없다.

보로부두르와 찬디 파원이 종교적으로 어떠한 관련이 있었는지를 현재 명확하게 알 수 없다. 카스파리스는 찬디 믄둣을 '샤일렌드라 왕조의 인드라 왕이 선조 영령을 모시기 위한 영묘'라고 주장했다. 또한, 그는 당사 외벽에 부조된 보살상과 다라상은 인드라 왕 이전의 샤일렌드라 역대 왕과 왕비의 초상을 새겨놓은 것으로 추정하고 있다. 케두 분지의 불교 사원을 영묘로 추정하는 카스파리스의 주장은 전혀 근거가 없는 것은 아니다.

찬디 누가원

보로부두르에서 약 7km 떨어진 곳에 불교 사원 찬디 누가원이 있다. 찬디 믄듯 동쪽에 있는 믄차랑 마을 안에 있다. 사원은 동쪽을 정면으로 하여 남북 약 4.4m 간격으로 5동의 사당형 찬디가 세워져 있었다. 현재 대부분의 찬디는 무너져 있지만, 북쪽에서 2번째 찬디가 옥개를 제외하고 복원되어 있다. 현재 남아 있는 사원 세부에는 후대 동부 자바기의 찬디에서 볼 수 있는 선구적인 양식을 많이 볼 수 있다.

찬디 누가원 복원도(국립인도네시아고고학연구소 제공)

누가원Ngawan의 사원 명 'Aw'는 자바어로 '대나무'를 의미하고, 'Ngawan'은 '숲'을 의미한다. 따라서 이 찬디 이름은 824년 명의 가란텡가 비문이 말하는 '베누바나'Venuvana, 즉 '죽림정사'로 비정되고 있다. 현재, 찬디 누가원은 관광 코스에서 떨어진 한적한 농촌 마을 안에 남아 있지만, 비문에 의해서 그 연대를 알 수 있는 샤일렌드라 왕조가 세운 주요 사원의 하나였다.

원래 사원 경내에는 5동의 사원에 각각 선정오불禪定五佛이 안치했다고 추정되고 있지만, 현재 제2동과 제4동에만 석불이 남아 있다. 이 2 석불은 모두 두부를 결손하고 있는데, 제2동 주실 안에는 세무외인을 하는 보생불寶生佛이 남아 있다. 제4동 폐사지에는 아미타정인을 하는 아미타여래상이 남아 있다. 그 밖에 오방불의 하나가 족자카르타 박물관에 옮겨졌다고 하지만, 정확한 소재지를 확인할 수 없다. 남아 있는 불상은 보로부두르 불상과 양식적으로 아주 유사하다.

제2동 찬디는 1927년에 복원되었다. 방형 기단12m은 '남방형'으로, 면석 평방에 자타카본생담를 새겨놓았다. 기단 정면 중앙의 S자형 날개벽 계단에 카라·마카라 장식이 새겨져 있다. 이 기단 정면 돌출부에는 당사 전실을 대신하여 공문이 만들어져 있다. 공문은 찬디 로로 종그랑의 공문 형식과 우사하다. 기단 네 구석

보생불(찬디 누가원)

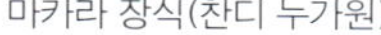

마카라 장식(찬디 누가원)

사자 상(찬디 누가원)

모퉁이에 사자 입상이 배치되어 있다. 이러한 세부 구성은 후대의 찬디 키다르에서 볼 수 있다. 사원 입구와 벽감에 카라·마카라 장식이 화려하게 부조되어 있다. 카라 밑에 아름다운 천인상의 부조가 있다.

# Ⅵ. 세계에서 가장 아름다운 힌두교 사원 찬디 로로 종그랑

### 찬디 로로 종그랑

찬디 로로 종그랑은 인도네시아 최대의 힌두교 유적이다. 프람바난 마을 북쪽에 있으며 남북으로 오펙 강이 흐르고 있다. 사원은 마을 이름을 따라서 찬디 프람바난이라고도 불린다. 찬디 로로 종그랑 건립에 대하여 다음과 같은 슬픈 전설이 전해지고 있다.

'옛날 프람바난 지방에 반둥 반다와사라고 하는 마술사의 아들이 살았다. 어느 날 반다와사는 왕으로부터 프람바난 일대를 지배하고 있었던 푸라부·보코 왕을 살해하라는 명을 받게 된다. 반다와사는 아버지의 도움을 받아 푸라부·보코 왕을 죽이고 프람바난 일대를 지배한다. 그런데 죽은 푸라부·보코 왕에게는 로로 종그랑이라는 아름다운 딸이 있었다. 반둥은 불행하게도 자신이 죽인 왕의 딸을 사랑하게 된다. 아버지를 죽인 원수가 청혼하자 가여운 로로 종그랑 공주는 깊은 고민에 빠지게 된다.

아버지를 살해한 원수의 청혼을 거절하기로 작정한 그녀는 만약 하루 밤 안에 1,000개의 신상을 만들 수 있다면 결혼하겠다는 조건을 건다. 반다와사는 악마의 도움을 받아서 999개의 훌륭한 석상을 완성한다. 하지만, 공주는 마지막 남은 1개의 석상을 완성하지 못하도록 불을 밝혀 악마를 쫓아내어 결국 1,000개의 신

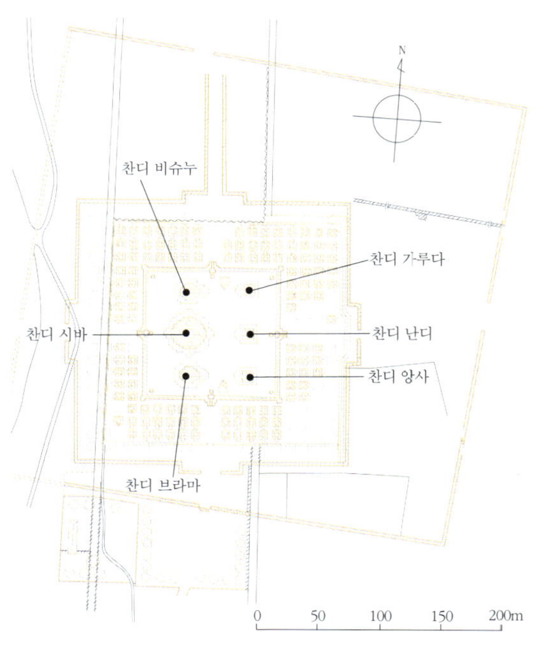

찬디 로로 종그랑

상을 만들지 못하게 한다. 화가 난 반다와사는 로로 종그랑을 석상으로 만들었다고 한다. 그 석상이 찬디 시바의 두르가상으로 아버지를 죽인 원수로부터 사랑을 받아 죽게 된다는 슬픈 이야기이다.' 찬디 로로 종그랑은 이 아름다운 공주 이름에서 유래한다.

찬디 로로 종그랑에서 남쪽으로 3km 떨어진 언덕 위에 마타람 왕국의 왕성으로 여겨져 왔던 '라투 보코'가 있다. 표고 190m에 지나지 않지만, 넓은 프람바난 평야가 한눈에 들어오는 천연 요새이다. 라투 보



찬디 로로 종그랑 평면도

라투 보코(성벽)

라투 보코(연못)

코는 전설에 나오는 푸라부·보코 왕의 왕궁이라고 전해진다. 세계의 모든 설화에는 실화와 허구가 존재한다. 허구의 부분을 조심스럽게 지워가면 역사적인 실화를 추출할 수도 있다. 찬디 로로 종그랑의 창건 설화는 어쩌면 샤일렌드라 왕국과 마타람 왕국의 갈등을 전하고 있을 가능성도 있다.

아름다운 공주 전설은 젖혀두고 이 거대한 라투 보코 유적은 우리나라 산성과 유사하다. 언덕 위의 정상부를 중심으로 해서 가공한 석재를 사용하여 엄중하게 성벽을 쌓았다. 특히 경사가 느슨한 남쪽은 3중의 성벽이 쌓여 있다. 이 유적은 사원과 건물 터, 계단, 석문 등이 남아 있다.

라투 보코 유적은 산 경사면에 따라 3층의 넓은 테라스에 많은 건물 터가 남아 있고, 그 둘레에 성벽이 둘러싸여 있다. 남서 언덕 위의 넓은 대지에도 성벽, 건물 터, 연못이 있다. 주위가 절벽으로 되어 있고 물이 풍부하여 방어와 생활에 편리했던 천연 요새에 궁전을 세운 것이다.

독립 후 인도네시아의 고고학자들이 샤일렌드라 왕조와 마타람 왕조의 수도를 찾는데 많은 노력을 기울여 왔다. 이러한 학자들의 노력으로 많은 수수께끼가 풀렸다. 지금까지 이 2 왕조의 수도는 보로부두르와 찬디 로로 종그랑을 중심으로 모든 것을 역사적으로 해석해 왔다. 예를 들면 보로부두르는 불교유적이기 때문에 샤일렌드라 왕조의 왕궁은 보로부두르 가까운 케두 분지에 있었고, 찬디 로로 종그랑은 힌두교 유적이기 때문에 마타람 왕조의 왕궁은 프람바난 가까이에 있었다고 생각해 왔었다.

그러나 보로부두르와 찬디 로로 종그랑이 왜 현재지에 건립되었는지 다시 한번 생각해 볼 필요가 있다. 마타람 왕조의 수도는 케두 분지 안의 '부미 마타람'이었다는 것이 최근 인도네시아 고고학자의 연구에서 밝혀졌다. 샤일렌드라 왕조의 수도는 남부의 '바구란' 및 '족자카르타'에 있었다고 판명되었다. 이것은 강성해진 샤일렌드라 왕국이 자신들의 본거지에 보로부두르를 건립한 것이 아니라 일부러 마타람 왕국의 중심지 가까이에 불교 사원을 세운 것이 된다.

지금까지 마타람 왕조의 왕성으로 여겨졌던 라투 보코는 샤일렌드라 왕조의 '발라푸트라 데와 왕'<sup>833~856년</sup> 시대의 왕성으로 밝혀졌다. 한편, 찬디 로로 종그랑은 '라카이 피카탄 왕'이 856년 이후에 다시 부활한 마타람 왕국의 힘을 과시하기 위해서 샤일렌드라 왕국 중심지에 건립한 힌두교 사원이다. 로로 종그랑의 가여운 공주 전설은 남편인 라카이 피카탄 왕을 위해서 남동생인 발라푸트라 데와 왕을 왕위에서 몰아낸 샤일렌드라 왕국의 마지막 여왕 푸라모다루다니 이야기를 토대로 전설이 생겼을 가능성이 크다. 856년 명의 라투 보코 비문은 발라푸트라 데와 왕이 친누나 푸라모다루다니 여왕과 싸움에 패하여 쉬리위자야 왕국으로 망명했다고 전한다.

찬디 로로 종그랑 사원의 전체 구조는 3중 정방형 대지 위에 사원들을 계획적으로 배치하고 있다. 발리 힌두교 사원과 같이 전원, 중원, 내원 3개의 구획으로 구성되어 있다.

찬디 로로 종그랑 내원에 해당하는 가장 중심에 있는 제1사원<sup>내원</sup>은 110×110m의 정방형으로 사원 주변에 돌담을 쌓고 동서남북의 중앙에 출입로를 만들었다. 제1사원을 출입하는 정문은 동문이다. 제2사원<sup>중원</sup>은 제1사원보다 1단 낮은 정방형<sup>동서 222 × 남북222m</sup> 대지 위에 동서남북의 중앙 출입로를 제외하고 같은 크기의 소형 찬디를 사방에 배치하고 있다. 가람 배치는 제2사원 안 중앙에 제1사원을 세우고 각 방위의 중앙에 출입로를 만들었다.

제1사원이 세워지고 나서 제2사원이 건립된다. 가장 바깥쪽의 제3사원<sup>전원</sup>은 제2사원보다 조금 낮은 대지 위에 있다<sup>390×390m</sup>. 단 가람이 동서남북으로 정확하게 배치된 것이 아니라 동서 평행선이 약 10도 동쪽으로 빗겨서 세워져 있다. 제1·제2사원은 제3사원 중앙에 있는 것이 아니라 남서의 구석에 세워져 있다. 따라서 제1·제2사원과 제3사원은 같은 시대에 세워진 것이 아니다.

현재 사원은 제1사원만이 원형을 보존하고 있다. 특히 제2사원 경계는 극히 일부 기단만이 남아 있고, 제3사원 경계도 완전히 유실되어 몇 군데의 사원 터만 남아 있다. 사원 건축은 우선 제1사원 안쪽에 남북으로 2열로 늘어선 6동의 높은 첨탑이 눈에 띈다. 서쪽 열 3동 가운데 있는 가장 큰 건축이 중심 사당인 찬디 시바로, 그 북쪽에 찬디 비슈누, 남쪽에 찬디 브라마가 있다.

동쪽 열의 비교적 작은 3동이 '찬디 바하나'이다. 바하나는 '타는 것'이라는 의미로 찬디 시바의 정면에 마주 보고 있는 사당에 시바신이 타고 다니는 난디<sup>황소</sup> 상이 안치되어 있다. 찬디 비슈누와 찬디 브라마와 마주하는 사당에는 각각의 신이 타고 다니는 가루다와

앙사<sup>백조</sup>가 모셔져 있다. 이 3동 사당은 안치한 신상 이름을 따서 찬디 난디, 찬디 가루다, 찬디 앙사라고 부른다.

찬디 스듯

자바는 예부터 화산과 지진의 섬으로 찬디 로로 종그랑 같이 높은 첨탑이 지금까지 남아 있는 것은 기적에 가까운 일이다. 현재 원형을 비교적 잘 남기고 있는 제1사원도 붕괴와 복원의 반복에 의해서 현재에 이르고 있다.

찬디 시바는 동서남북 기단이 34×34m, 높이가 47m이다. 찬디 비슈누와 찬디 브라마는 거의 같은 크기로, 기단 길이가 20×20m, 높이가 23m이다. 찬디 난디의 기단 길이는 15×15m, 높이 25m이다. 찬디 앙사와 찬디 가루다는 기단 길이가 13×13m, 높이가 22m이다.

제1 사원 내에는 6동만의 건물뿐 만 아니라 사원 오른쪽에도 소형 사당이 있다. 또한, 사원 안 남북 끝에도 같은 모양의 작은 사당이 있다. 이 사당은 '찬디 아핏'<sup>평면 6×6m, 높이 16m</sup>으로 2동이 복원되었다. 제1사원 안 네 구석에 각각 1동의 '찬디 스듯'<sup>구석의 사원</sup>이 있다. 사원 각 벽면 중앙 출입구 정면에도 각각 1동씩 '찬디 쿠릴'<sup>눈가리개 사원</sup>이 있다. 기단 1.55m, 높이 4.1m로 제1사원 군은 모두 8동이 복원되었다.

중원에 해당하는 제2사원에는 4열로 배치된 총계 224동<sup>각 열에 각각 68, 60, 52, 44</sup>의 작은 사당이 있었지만 현재 2동만이 복원되었다. '찬디 프르와라'<sup>Perwara는 시녀의 뜻</sup>로 그 크기는 기단 길이가 6m, 높이가 14m이다.

이상을 종합하면 찬디 로로 종그랑은 대소 건물 약 250동에 달한다. 외원, 중원, 내원의 정방형 사원 영역은 각각 색계, 욕계, 무색계의 힌두교 세계관을 구상화했다.

찬디 로로 종그랑은 마타람 왕조에 의해서 건립되었다는 점에는 이견이 없다. 하지만, 그 건립 연대에 대해서 유력한 비문이나 고고학적인 증거가 발견되지 않아서 단정할 수 없다. 종래의 가장 유력한 가설은 라카이 피카탄의 재위기인 9세기 중반 설<sup>856년</sup>과 발리퉁 마하 삼부 왕 재위 중인 899~911년 건립 설이다. 마타람 왕조의 부조 문양을 비교하면 9세기 중반에 세워졌을 가능성도 있고 일부 연구자들은 10세기 초기로 보는 견해도 있다.

　그런데 최근 찬디 푸라오산에서 발견된 비문의 연구 성과가 발표되었다. 그 결과 찬디 로로 종그랑의 건립은 라카이 피카탄 왕 재위기<sup>856년 이후</sup>에 착수되어 그 후 발리퉁 마하 삼부 왕에게 왕위를 물려받은 다쿠사 왕 재위기 때 완성되었다고 한다.

　미술사의 양식으로 보면 찬디 로로 종그랑은 최소한 라카이 피카탄 왕이 즉위한 856년에는 이미 착공을 시작했을 것으로 여겨진다. 또한, 찬디 로로 종그랑과 찬디 푸라오산의 조상에는 유사점이 많아 이 2 사원은 같은 시기에 건립 되었다고 보는 견해도 부정할 수 없다. 찬디 로로 종그랑은 라카이 피카탄 왕 사후 긴 세월이 지난 후에 완성되었을 가능성이 크다. 찬디 푸라오산이라는 거대한 규모의 불교 사원도 푸라모다바루다니 여왕 재위기에 완성되었다고는 생각할 수 없다.

　그렇다면 여왕 사후에 힌두교도인 마타람 왕조의 왕들이 불교 사원을 계속하여 건립해야 할 필연성은 어디에 있는 것일까? 필자는 비문과 조상 양식을 종합하면 찬디 푸라오산은 라카이 피카탄 왕이 즉위하는 856년 이전에 완성 혹은 완성에 가까운 상태로 공사가 진행되어 있었다고 생각한다.

　따라서 라카이 피카탄 왕과 푸라모다바루다니 왕비가 각각 찬디 로로 종그랑과 찬디 푸라오산을 건립했을 가능성이 크다. 찬디 푸라오산은 샤일렌드라 왕국

복원 전의 찬디 브라마(1943년)

복원 전의 찬디 비슈누(1943년)

이 건립한 것으로 건축 양식에는 불교적 색채가 강하다. 찬디 푸라오산의 건립 연대는 종래 학설보다도 약 반세기 이른 시기가 된다.

중부 자바에 있었던 샤일렌드라 왕국은 832년을 마지막으로 중국 사료에서 그 종적을 감춘다. 그 후 족자카르타를 중심으로 하는 평야에는 마타람 왕국이 다시 등장하여 10세기 초반까지 존속했다. 그러나 이 시기를 경계로 해서 마타 람 왕국도 역사의 중심 무대에서 사라진다.

10세기 초기 마타람 왕국이 중부 자바에서 종적을 감춘 이후 찬디 로로 종그 랑은 잦은 지진과 화산 분화로 황폐해 간다. 1584년 프람바난을 강진이 습격하 여 돌을 쌓아올린 사원은 붕괴한다. 하지만, 찬디 로로 종그랑의 기단은 비교적 양호한 상태로 남아 있었다. 이것은 지금도 분화 활동을 하는 메라피 산과 깊은 관계가 있다. 중부 자바에서 16세기 대 지진이 발생하기 이전에 찬디 로로 종그 랑 기단은 벌써 화산재에 묻혀 있었기 때문이다. 이러한 하부 구조가 남아 있지 않았다면 현재와 같은 찬디 복원은 불가능했을 것이다.

찬디 로로 종그랑은 1885년부터 라이덴대학이 발굴 조사를 시작한다. 보로부 두르 조사와 복원에 참가했던 네덜란드 건축가, 고고학자가 찬디 로로 종그랑을

2006년 5월의 지진 피해(찬디 가루다 앞)

복원한다. 특히 건축가 예이제르만, 구로네만, 반·에리프 등이 유적 복원에 노력했다. 하지만, 이들은 자바 사원의 연구와 조사 부족으로 말미암아 원형을 알 수 없는 사원을 복원하는 결과를 가져왔다.

1937년 복원 공사가 시작되어, 1943~1945년 일본 통치시대에도 공사는 계속되었다. 1937년 착공 이래 20년이 지나서 47m의 찬디 시바를 복원한다. 그 후 찬디 브라마<sup>1978년</sup>와 찬디 비슈누<sup>1982년</sup>가 복원되었고, 지금도 제1 사원 내의 작은 사당이 점

찬디 시바의 복원 작업(1943년)

차 복원되고 있다. 하지만, 잦은 지진 발생과 화산 분화로 말미암아서 복원 작업은 반복 혹은 지연되고 있다. 2006년 5월 지진 때문에 찬디 로로 종그랑은 관람이 제한되었다. 2012년인 지금도 찬디 시바는 복원 공사가 진행 중이어서 회랑과 내부의 견학이 금지되고 있다.

## 찬디 로로 종그랑의 3대 신당

찬디 로로 종그랑은 그 높이와 규모로 보아 인도네시아 제1의 힌두교 유적이다. 캄보디아 앙코르 유적 다음으로 세계에서 2번째로 큰 힌두교 사원이다. 1991년 4월 대 사원을 구성하는 내원 복원 공사가 완료되었다. 경내에 힌두교 3대 신을 모신 사원이 '늘씬한 아가씨'찬디 로로 종그랑처럼 아름답게 늘어서게 된다.

찬디 시바는 시바신, 찬디 브라마는 브라마신, 찬디 비슈누는 비슈누신을 본존으로 모신다. 중심 사당인 찬디 시바의 건축은 240동의 사원 건축을 대표하는 것으로, 그 밖의 세부는 약간 변화에 지나지 않는다. 따라서 찬디 로로 종그랑 건축 군은 찬디 시바와 대동소이하다.

기단은 한 변 34m의 정방형으로 동서남북 각 중앙에 돌출한 계단이 마련되어 있다. 동면 계단이 정면으로 다른 3면의 계단보다 폭이 넓다. 계단 양측의 날개 벽과 기단의 구석 모서리부에는 소형 장식 찬디가 있다. 이러한 장식 찬디는 '찬디 마나라 스듯'구석의 첨탑이라고 부른다. 그 가운데 동쪽 정면 첨탑 장식은 사원 전체의 중심을 가리키고 있다. 즉 제1 사원 중심점이 찬디 마나라 스듯이다. 따라서 찬디 시바의 주신인 시바상이 전 사원 중심이 아니라 서북으로 조금 벗어나 있다.

기단은 측벽에 액자처럼 부조한 면석을 새긴 전형적인 '중부 자바기 형'이다. 장식 기둥 위에는 카라 머리가 화려하게 부조되어 있다. 2층 기단3.5m에는 회랑폭 2m이 만들어져 있다. 회랑 안쪽은 당사로 평면 구조는 찬디 카라산과 찬디 세우와 아주 유사하다. 당사 벽면은 십자형으로 돌출해 있다. 당사 돌출부17m×3.5m 평면은 정방형이다. 계단을 통해서 전실, 측실, 회랑으로 연결된다.

당사 외벽에 고 부조高 浮彫가 새겨진 면석이 있다. 당사 상부는 벽면몰딩 장식이 상하 2개로 벽면을 나누어 옥개와 명료하게 구분된다. 이 상하 2단 벽면에는 총계 48개의 카라·마카라 장식과 장식 기둥이 새겨져 있다.

옥개 구성은 매우 복잡하다. 대소의 '라토나'를 얹어놓아 하늘을 향해서 치솟아 있는 수직선이 강조되었다. 그와 함께 감실과 장식 기둥을 조화시켜서 높은 5층 첨탑을 쌓아올렸다. 최정상에 거대한 라토나를 얹어놓았다. 이러한 구조 때문에 지진이 발생하면 옥개의 라토나가 무너져 낙하하는 사고가 잦다.

옥개는 인도 힌두교 사원의 고탑에서 그 원류를 찾을 수 있다. 하지만, 찬디 로로 종그랑의 옥개는 수평선을 강조하면서 라토나를 세워놓은 자바 독자적인 형식이다. 또한, 옥개의 라토나는 불교 사원의 옥개<sup>종형 스투파</sup>와 형태가 유사하다. 힌두교 사원과 불교 사원의 건축적 유사점은 어디에서 유래하는 것일까? 아마 사원 건축 종사자가 힌두교 사원과 불교 사원을 동시에 담당했을 가능성이 크다.

케두 분지에 마타람 왕국이 탄생하여 힌두교 사원을 건립하고, 그 후 중부 자바 남부에서 샤일렌드라 왕국이 대두하여 같은 케두에 불교 사원을 세운다. 이것은 샤일렌드라 왕국이 마타람 왕국을 지배했던 역사적인 사실을 전하고 있다. 그 후 권력을 되찾은 마타람 왕국이 불교 사원 주변에 대규모의 힌두교 사원을 건립한 것이 바로 찬디 로로 종그랑이다. 따라서 2 왕국은 대립<sup>경쟁</sup>·상하 관계에 있었던 것으로 생각한다. 하지만, 힌두교와 불교의 승려나 사원 건설 종사자는 전혀 대립 혹은 종속 관계가 아니었다. 특히 사원 건설 종사자는 다른 왕조에서 같은 일을 했을 가능성이 크다. 이 때문에 사원 대부분이 기본적으로 같은 유형을 나타내고 있다.

찬디 로로 종그랑은 전체 기단 폭에 비해서 당사와 옥개가 가늘고 긴 첨탑이다. 이러한 형태는 중부 자바기의 전형적인 사원과는 다른 모습이다. 이러한 사

찬디 시바

원 형식은 그 후 동부 자바기의 사원 건축에 많은 영향을 끼쳤다. 찬디 로로 종그랑은 중부에서 동부로 사원 건축이 이행해 가는 과정을 잘 보여주고 있다.

## 찬디 로로 종그랑의 장식과 부조

기단 면석<sup>프리즈면</sup>의 평방<sup>패널</sup>에는 유명한 프람바난·문양이라고 불리는 독특한 장식이 있다. 회랑 주벽 및 난순 벽면에 새겨져 있는데, 옆으로 긴 직사각형 평방을 3등분 하여 중앙에 변형 카라·마카라 장식을 하고 그 감실 안에 정면을 보고 있는 사자 상을 입체적으로 조각해 놓았다. 그 좌우에는 천계수<sup>Kalpatara</sup>를 중심으로 각 나무에 2쌍의 새와 나무 밑에는 서로 마주 보고 있는 킨나리·킨나라 부조가 있다. 사자와 천계수 부조는 그다지 변화가 없다. 하지만, 천계수 밑에는 각종 동물을 부조한 것도 있다. 이러한 구도 장식은 프람바난 이의에서 전혀 보이지 않기 때문에 프람바난 문양이라고 부른다. 이 문양의 특이성은 이미 많은 학자가 주목했지만, 무슨 연유로 이러한 장식이 생겨났는지 지금도 명확하지 않다.

프람바난 문양(킨나라, 킨나리 )

기단 상부 난순 외면은 62면 부조 평방으로 꾸며져 있다. 라토나 바로 밑 감실 안에 3명 1조의 천인상, 감실과 감실 사이 평방에는 춤에 흥겨워하는 약동적인 남녀 천인상의 부조가 있다. 첨탑 사방 벽면에 가득히 새겨진 아름다운 천인상 부조는 사원의 아름다움을 한층 더해준다. 특히 춤추는 무희상은 찬디 로로 종그랑 부조의 걸작 중에 하나이다. 인도 조각처럼 육감적이지 않고 앙코르 유적

벽면의 천인상

의 아푸사라스와 같이 풋내나지 않
는 우아하고 아름다운 자바 아가씨
의 모습을 섬세하게 잘 표현하고
있다.

찬디 시바와 찬디 브라마의 난순
안쪽 벽면에 라마야나 이야기가 평
방에 새겨져 있다. 찬디 비슈누의 난
순 벽면에는 마하바라타의 주역 라
마와 남동생 락슈마나의 무용담 12
장면이 새겨져 있다. 찬디 시바와 찬

춤추는 무희상

디 브라마의 부조는 비교적 잘 남아 있는데, 찬디 비슈누의 락슈마나 이야기는
결손 부분이 많다.

찬디 시바와 찬디 브라마의 부조는 인도 서사시를 새기고 있지만, 약동감 있
고 아름다운 구도와 사실적 표현은 중부 자바기 미술 최고의 걸작이다. 찬디 시
바 회랑 주벽에 24면의 대형 부조 평방이 있다. 이 큰 평방 중앙에 '로카파라'<sup>방위</sup>
<sup>신</sup> 좌상을 새기고 그 좌우 화면에 여러 천인상을 배치하고 있다. 이 화면의 힌두
교 신상은 찬디 푸라오산 보살상과 양식적으로 유사하다. 이들 사원을 건설했던
석공들은 같은 집단의 장인들이었을 가능성이 크다. 찬디 로로 종그랑과 찬디 푸
라오산은 옥개 라토나 장식도 유사하여 힌두교와 불교가 융합하는 과정을 잘 나

타내고 있다.

찬디 비슈누와 찬디 브라마는 같은 건축 구성이지만 찬디 시바와는 달리 측실이 없다. 따라서 주당은 찬디 시바이고 부수적인 사당이 찬디 비슈누와 찬디 브라마인 것을 사원 건축에서 명료하게 알 수 있다. 각 주실에는 요니형 대좌 위에 비슈누와 브라마 상이 안치되어 있다. 비슈누 상은 높이 2.4m, 1면 4비상으로 앞 오른손은 굴봉을 잡고, 왼쪽 손은 '법라'Sangkha를 가진 전형적인 비슈누 상이다. 브라마 상도 거의 같은 높이로 4면 4비 석상이다.

찬디 난디에는 3개 석상이 있다. 하나는 주신 난디로 길이 2m의 웅크린 황소 상이다. 다른 2개 석상은 태양 신 '스리야'와 월 신 '찬드라' 상이다. 스리야와 찬드라는 각각 9마리 말이 끄는 전차를 타고 있다. 찬드라는 3개 눈이 있어 시바신을 표현하고 있다.

중심의 찬디 시바에는 4구의 신상이 안치되어 있다. 중앙 정면동쪽의 마하데바 상은 시바신을 구상화한 최고신이다. 이 마하데바 상은 라카이 피카탄 왕의 초상으로 여겨지고 있다. 자바 왕들은 자신의 모습을 신상으로 만들어 사원에 안치했다. 이것이 자바 왕들이 왜

비슈누 상　　　브라마 상

두르가 상

그렇게 열심히 사원을 건립했는지를 알려주는 가장 큰 이유이다.

찬디 시바 남쪽 측실 안의 시바 구루 상은 시바신의 활동 또는 고행하는 모습이다. 북쪽 측실 두르가 상은 시바신의 배우자이며 파괴를 상징한다. 서쪽 측실

시바 구루 상(아가스티야, 찬디 시바)　가네샤 상(찬디 시바)

가네샤 상은 시바신의 아들이다. 다시 말해 이 4상 가운데 2상은 시바신 바로 자체를 나타내고, 그 밖의 2상은 시바의 배우자와 아들이다.

　찬디 시바 중심인 마하데바 상<sub>높이 3m</sub>은 요니 형 대좌<sub>높이 1m</sub> 위에 안치되어 있고, 그 대좌 밑에는 깊이 14m의 석실이 만들어져 있어, 그 안에서 인골을 넣은 석관이 발견되었다. 이 석관에 안치된 것은 찬디 로로 종그랑 건립자인 라카이 피카탄 왕의 유골로 여겨지고 있다. 또 주실 안에 안치된 마하데바 상은 라카이 피카탄 왕을 모델로 해서 만들어졌다고 한다.

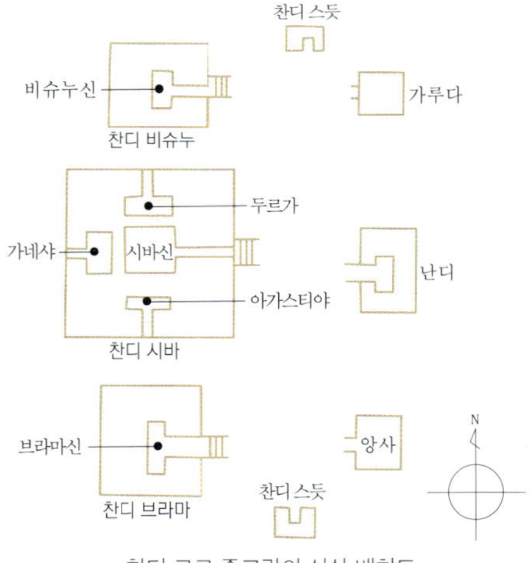


찬디 로로 종그랑의 신상 배치도

　이렇게 찬디 시바의 건립 목적은 여러 가지 이유가 있었지만, 그 직접적은 목적은 라카리 피카탄 왕의 영묘이었을 가능성이 크다. 찬디 시바의 신상을 종합하여 고려하면 마하데바 상은 바로 라카이 피카탄 왕 그 자체를 표현했다고 볼 수 있다. 구루는 왕의 스승 또는 군사, 가네샤는 왕의 아들, 두르가는 푸라모다바루다니 왕비를 나타내는 것으로 해석할 수 있다.

　힌두교 3대 신을 모신 사당을 일렬로 배치한 것은 천지 창조, 보수, 파괴·재생

비사문천(찬디 시바)

을 상징적으로 표현하여, 각 사당에 마주하는 소형 사당 안에는 난디황소=시바, 가루다매=비슈누, 앙사백조=브라마를 안치하고 있다. 이러한 사당 배치는 힌두교 우주관을 그대로 반영한 것으로, 죽은 왕의 내세에서 영원한 영화의 염원을 가시화한 것이다.

동서남북의 소형 사당 군에 대해서는 그 건립 목적이 명확하지 않다. 당시의 왕족 혹은 귀족의 영묘로 추정되고 있다. 찬디 시바의 회랑 벽에 24 방위 신인 로카파라 상이 새겨져 있다. 로카파라는

로카파라 상(찬디 시바 회랑 주벽)

힌두교 방위 신으로 아구니동, 인드라남, 바루나서, 소마북가 있다. 이러한 방위 신은 동북아시아의 사신도현무, 수작, 청용, 백호와 유사한 의미로 왕권의 힘을 과시하고 있다.

찬디 로로 종그랑의 부조와 보로부두르 부조를 비교하면 깊이의 표현에 변화를 느낄 수 있다. 즉 조각의 얇고 깊음에 변화를 주어, 그로 말미암아서 이야기의 전후 관계를 표현하고 있다. 또한, 보로부두르 같은 획일적인 배치가 아니라, 인물의 머리를 여러 위치로 새겨놓아 동적인 변화감을 꾀하고 있다.

라마의 생애를 그린 《라마야나 이야기》는 《마하바라타》와 함께 인도뿐만 아니라 동남아시아에서 전승하는 인도 서사시이다. 인도 문학의 역사는 기원전 1500년 전 자연숭배의 베다 문학을 시작으로 하여, 기원전 5세기 서사시 문학과 푸라나신화, 고담 문학을 걸쳐서, 기원전 4세기에 고전 산스크리트어 문학이 성립한다. 《라마야나 이야기》의 중심은 다사라타 왕 아들의 왕위 계승 싸움으로 이 부분은 기원전 2세기에 성립했다. 그 후 원숭이 왕 수구리바, 원숭이 장군 하누만, 마왕 라바나의 설화

라마야나 극(프람바난)

가 첨가하여 기원후 2세기에 라마가 비슈누신의 화신으로 지상에 강림하는 도입부의 제1편, 라마와 그 아들의 후일담에 해당하는 제7편이 더해져 현재 전해지는 라마야나 이야기가 성립한다.

### 제1편 바라 간다

　　　　코살라 왕국의 다사라타 왕은 3명의 왕비에서 4명의 아들이 태어났다. 제1왕비인 카우사리야는 비슈누의 화신인 라마, 제2왕비인 카이케이는 바라타, 제3왕비인 수미트라는 락슈마나와 샤틀구나를 낳는다. 어느 날 성선 비슈바미트라가 다사라타 왕을 찾아와 라마 왕자를 제자로 삼는다. 성선과 라마의 수행 길에 락슈마나 왕자도 형을 따라 동행한다. 세 사람은 비데하 왕국에 도착한다. 자나카 왕에게는 시타라는 아름다운 공주가 있었다. 왕은 예부터 전해지는 명궁의 활시위를 당기는 사람을 부마로 삼는다는 조건을 내걸었다. 이제까지 아무도 당길 수 없었던 활시위를 라마가 당겨 시타 공주와 결혼하게 된다.

## 제2편 아요디야 간다

나이가 든 다사라타 왕이 라마를 태자로 삼고 마침내 왕위를 물려주려 한다. 이러한 사실을 알게 된 제2왕비는 전에 왕의 목숨을 구해주었을 때 왕으로부터 '어떠한 청이라도 들어주겠다.'는 약속을 생각해 내어 자신의 아들인 바라타에게 왕위를 물려주도록 강요한다. 부왕이 약속을 저버리지 않게 하려고 라마는 아내 시타와 동생 락슈마나와 함께 숲으로 떠난다.

다사라타 왕은 라바가 산으로 떠난 것을 알고 슬퍼하며 죽음을 맞이한다. 제2왕비는 아들인 바라타가 왕위에 오를 것을 원하지만, 바라타는 산으로 떠난 형 라마를 찾아가 왕위에 오를 것을 청한다. 라마는 자신이 부왕의 약속을 지키는 것이 의무라고 전하며 동생이 청한 신발을 건네준다. 바라타는 왕국으로 돌아와 형의 신발을 옥좌 위에 얹어놓고 라마를 대신하여 나라를 다스린다.

## 제3편 아라냐 간다

라마와 락슈마나는 수행을 방해하는 나찰과 싸움이 계속된다. 마왕 라바나의 여동생인 슈르파나카가 숲에서 라마를 만나 첫눈에 반해 사랑을 고백하지만 거절을 당한다. 락슈마나가 마녀의 코와 귀를 잘라버린다. 슈르파나카는 마왕 라바나에게 복수를 청하며 시타를 납치하여 부인

마왕 라바나가 시타를 납치하는 장면

으로 삼으라고 한다. 라바나는 라마가 사는 숲을 찾아와 부하인 악마 바리타를 아름다운 꽃사슴으로 변장시켜서 시타의 주의를 끌게 한다. 라마와 락슈마나가 사슴을 잡으려하는 동안 마왕 라바나는 시타를 유괴하여 알랭카 궁에 감금한다. 사슴을 놓친 라마와 락슈마나는 시타가 없어진 것을 알고 찾아다닌다. 결국 원숭이 왕 수구리바의 도움을 받으면 시타를 찾을 수 있다는 것을 알게 된다.

## 제4편 기스킨다 간다

원숭이 왕 수구리바는 그때 형인 바리에게 부인을 빼앗기고 왕국에서 추방당한 처지였다. 라마는 수구리바를 도와 사악한 바리를 죽인다. 왕권을 회복한 수구

리바는 하누만 장군에게 명하여 시타의 행방을 탐색하게 한다. 하누만은 원숭이 군대를 총 동원하여 시타가 랑카 섬에 갇힌 것을 알아낸다.

### 제5편 순다라 간다

하누만은 높은 산과 대해를 건너 랑카 섬의 마왕 라바나가 살고 있는 알랭카 성에 당도한다. 해가 진 후 하누만은 성안으로 숨어들어 가 시타를 찾아내어 라마의 반지를 건네주며 라마가 구출하러 온다는 소식을 전해준다. 그 후 하누만은 도성 안을 불바다로 만들고 라마에게 돌아온다.

### 제6편 윳다 간다

시타를 구출하러 가는 라마군은 큰 바다 앞에 당도한다. 원숭이 군과 해신의 도움을 받아 다리를 놓아 라마군은 랑카 섬에 진격한다. 라바나의 동생 뷔비샤나가 형의 악업을 말리려다 추방당하여 라마군에 가담한다. 격전 끝에 라마가 브라마 신에게서 받은 무기로 마왕 라바나를 죽여 승리한다. 라마는 뷔비샤나를 랑카의 왕위에 오르게 하고 고국인 아요디야에 개선하여 왕위에 오른다. 한편, 시타가 임신하자 납치당한 동안의 정절을 의심받게 된다.

### 제7편 웃타라 간다

라마 왕은 동생 락슈마나를 시켜서 시타를 숲으로 추방한다. 시타는 숲에서 성선 바루미키의 도움을 받아 쿠샤와 라바를 낳는다. 성장한 쌍둥이 왕자에게 성선 바루미키가 라마야나 이야기를 들려준다. 왕자들은 아버지 라마 왕을 찾아가 라마야나 이야기를 들려주어 아들로 인정받게 된다. 라마 왕은 자신의 과오를 뉘우치고 국정을 왕자들에게 맡기고 천계로 돌아가 비슈누신이 된다.

이상이 인도《라마야나 이야기》의 큰 줄거리이다. 그러나 라마야나는 그 전파 범위가 넓고 내용도 다양하여 여러 계통의 이야기가 전해지고 있다. 인도네시아에서 일반적으로 라마야나라고 하면 인도의 발미키가 편찬한 것이라고 하지만, 인도의 라마 왕 이야기는 300종에 달한다. 따라서 큰 이야기의 흐름은 유사하지만, 지명이나 등장인물은 이야기에 따라서 다르다. 예를 들면 정절을 의심받은 시타가 숲으로 추방당하여 쌍둥이 아들을 출산한다는 내용이 설화집에 적혀 있는데, 찬디 브라마의 회랑에는 갓난아기 하나만이 부조되어 있다. 이것은 현재 남아 있는 설화집과 다른 내용의 설화집이 존재했을 가능성을 알려주는 부조이다.

자바의 라마야나 이야기는 인도의 《라마야나》<sup>발미키 편찬, 산스크리트어 제7권</sup>를 비교적 충실하게 따라서 고대 자바어로 번역한 것이다. 마타람 왕조의 산자야 왕이 732년에 공포한 산스크리트어 창갈 비문에 라마의 선조인 '라구'라는 이름이 등장한다. 그 후 마타람 왕조 최성기인 9세기 중반에 《라마야나 가카윈》이 편찬된다. 찬디 로로 종그랑 건립 시기와 비슷한 9세기 말에 《라마야나 이야기》는 중부 자바에서 인기를 끌게 된다. 시기적으로 라마야나의 자바어 번역과 찬디 로로 종그랑 라마야나 부조는 거의 같은 시기에 속한다.

라마야나 이야기는 찬디 시바의 기단 동쪽 입구에서 이야기가 전개한다. 회랑을 일주해도 이 이야기는 완결하지 않고 남쪽의 찬디 브라마 회랑에서 계속된다. 찬디 브라마도 동쪽 입구에서 시곗바늘 방향을 향해서 회랑을 일주하면 《라마야나 이야기》는 끝이 난다. 단순히 회랑 부조를 비교하면 단연 찬디 시바의 부조가 뛰어나다. 라마는 비슈누신의 화신이다. 그 때문에 라마의 의지, 말, 행위는 비슈누신 바로 자체이다. 이야기 안에 여러 교훈이 담아져 있고, 이 이야기를 읽고 전하는 사람은 가정이 평안하고, 부와 명예를 얻을 수 있다고 믿고 있다.

찬디 시바의 회랑에 새겨진 라마야나 이야기는 하나의 벽면<sup>평방</sup>에 하나의 이야기를 새겨 넣은 1도 1경도 있지만, 1도 2경 혹은 1도 3경도 있다. 찬디 시바의 첫 부조에는 많은 악행을 자행하는 마왕 라바나를 죽이도록 비슈누 앞에 청원하는 5명의 데바 신의 모습이 새겨져 있다. 찬디 브라마 회랑 부조는 라마군의 랑카 섬 상륙과 그 후의 싸움으로 시작되는 총 24면으로 구성되어 있다.

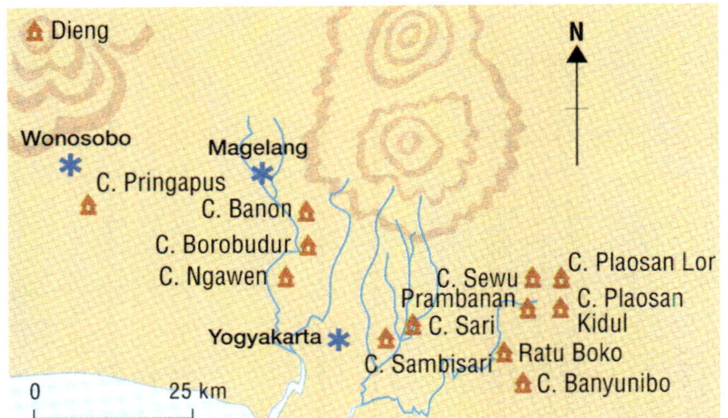


프람바난 주변의 사원유적

## 찬디 시바의 《라마야나 이야기》 해설

1. 5명의 데바 신이 도솔천의 비슈누신을 찾아가 지상에 내려가 악행을 일삼는 마왕 라바나를 처벌해 줄 것을 청하는 장면.

2. 성자 비슈바미트라가 아요디야의 다사라타 왕<sup>즈인공 라마의 아버지</sup>과 왕비를 방문하는 장면. 비슈바미트라는 라마 왕자의 스승이 된다. 1. 2.가 한 평방에 새겨져 있다.

비슈바미트라가 다사라타 왕과 왕비를 방문한 장면

3. 다사라타 왕은 성자 비슈바미트라를 성대하게 접대한다.

왕이 비슈바미트라를 접대하는 장면

4. 수행 중에 라마가 악녀 타타카를 만나 죽이는 장면<sup>최초의 출진</sup>.

라마가 악녀 타타카를 만나 죽이는 장면

5. 비슈바미트라의 지도 아래 무예를 연마하는 라마.

무예를 연마하는 라마

6. 라마 왕자가 신궁을 당겨 시타 공주를 아내로 맞이한다.

라마가 신궁을 당기는 장면

8. 궁술을 연마하는 라마 왕자.

라마가 궁술을 연마하는 장면

9. 라마 왕자는 시타와 함께 아요디야에 돌아와 행복한 신혼생활을 보낸다.
이 부조를 다사라타 왕은 나이가 들자 왕위를 큰 아들인 라마에게 물려주려고 하자
제2왕비인 카이케이가 간계를 부려서 라마를 추방하는 장면으로 해석하는 견해도
있다.

라마와 시타의 행복한 신혼생활

10. 11. 제2왕비인 카이케이는 간계를 부려서 라마의 즉위를 반대한다. 바라
타가 왕위에 오른다는 소문에 많은 사람이 축연을 벌인다. 다사라타 왕과 코사루야
는 라마가 숲으로 떠난 것을 알고 슬픔에 잠긴다. 라마, 시타, 락슈마나는 궁전을 떠
나 숲으로 간다. 하나의 긴 평방에 10. 11. 12.가 연속1도 3경으로 새겨져 있다.

축연

13. 다사라타 왕이 슬픔에 잠겨 죽자 화장식이 준비되고 코사루야와 바라타
는 사람들에게 보시를 행한다.

14. 바라타는 왕위를 거부하고 숲으로 추방당한 라마를 찾아가 아요디야에
돌아와 왕위에 오를 것을 간청한다. 라마는 이를 거절하고 바라타에게 신발을 건네
준다. 바라타는 형의 신발을 왕좌에 올려놓고 라마의 대리인으로 아요디야를 다스
린다.

라마를 찾아와 왕위에 오를 것을 청하는 바라타

15. 악마 비라다가 시타를 희롱하자 비라다와 싸우는 라마.

비라다와 싸우는 라마

16. 사슴 고기를 훔쳐 먹는 새를 죽이는 라마.

17. 마왕 라바나의 여동생 슈르파나카는 숲에 놀러 와 첫눈에 라마를 사랑하게 된다. 사랑이 거절되자 라마의 아내 시타를 죽이려한다.

라마, 시타, 슈르파나카

18. 라마의 동생인 락슈마나가 화가 나서 슈르파나카의 코와 귀를 잘라버린다. 그녀는 오빠인 마왕 라바나를 찾아가 복수를 부탁한다.

마왕 라바나를 찾아가 복수를 부탁하는 슈르파나카

19. 황금 사슴을 발견하여 화살을 쏘는 라마. 황금 사슴은 악마 마리차가 변신한 모습이었다.

황금 사슴을 발견하여 화살을 쏘는 라마

20. 라마가 사냥에 나간 사이에 마왕 라바나는 동생의 복수를 위하여 시타를 납치한다. 라바나는 브라만 승으로 변장하여 시타를 납치한다.

21. 22. 미비정. 시타가 납치되는 그다음 장면이다.

마왕 라바나가 시타를 납치하는 장면

23. 라마와 락슈마나는 시타를 찾아다니다가 숲속에서 악어와 만난다. 악어는 저주를 받아 모습이 바뀐 강물의 정령이었다. 2006년의 지진 때문에 라토나 장식이 떨어져 내려 부조 23을 가리고 있다2011년 9월 촬영.

라마가 시타를 찾아다니다가 숲속에서 악어와 만나는 장면

24. 라마와 락슈마나는 거인 카반다를 만나 싸우게 된다.

25. 라마와 락슈마나는 흰 원숭이 하누만을 만나 동생에게 왕위를 빼앗기고 추방당한 원숭이 왕 수그리바의 이야기를 듣는다.

26. 라마와 락슈마나는 목이 말라 물을 찾다가 원숭이 왕 수구리바를 만난다.

라마가 수구리바를 만나는 장면

27. 라마가 한 번의 화살로 야자나무 7개를 관통시켜서 힘을 과시한다.

28. 원숭이 수구리바와 원숭이 수바리의 싸움.

29. 수바리는 라마의 화살에 맞아 죽는다.

수바리는 라마의 화살에 맞아 죽는다

30. 수그리바가 왕위를 되찾는다.

30. 전술을 상의하는 라마군.

31. 라마, 락슈마나, 수그리바, 하누만이 마왕 라바나 왕궁 공략을 상의하는 장면.

32. 수그리바가 라마에게 시타 구출의 원숭이 대장으로 임명해 줄 것을 청한다.

33. 라마가 수그리바를 랑카에 파견한다.

34. 하누만이 궁 안에 갇힌 시타를 발견하여 라마가 구출하러 온다는 소식을 전한다.

하누만이 시타를 만나는 장면

35. 하누만은 지붕으로 뛰어올라 탈출하면서 알랭카 왕궁에 불을 지른다.

하누만이 왕궁에 불지르는 장면

36. 하누만이 라마에게 랑카에서 있었던 일을 보고 한다.

37. 해신 사가라가 다리를 만들어 라마군의 진격을 돕는다.

38. 해신의 도움을 받아 랑카 섬에 다리를 놓고 라마 군이 다리를 건너서 진격한다1도2경.

해신을 만나는 라마

## 찬디 브라마의 《라마야나 이야기》

1. 랑카에 도착한 라마, 락슈마나, 비슈바미트라, 수구리바가 전략 회의를 열고 있는 장면.

2. 라마는 시타를 풀어주라고 마왕 라바나에게 사자를 보낸다.

3. 사자로 간 원숭이 안가다는 라바나 명령으로 귀를 잘려서 돌아온다. 안가다가 라마에게 라바나의 궁전에서 있었던 일을 보고 한다.

4. 화가 난 라마는 공격 명령을 내린다.

5. 원숭이 군대가 전장으로 진격한다.

6. 마왕의 군사들과 격전을 벌이게 되는데 마침내 전세가 라마군에게 결정적으로 유리하게 된다. 라바나의 남동생 뷔비샤나가 라마에게 사로잡혀 목숨을 구걸한다.

7. 구름에 숨어서 라바나 아들 인드라짓이 라마와 락슈마나를 향해서 철 화살을 쏘기 시작했다. 철 화살은 독사로 변해서 날아왔는데 하늘에서 매들이 날아와 독사를 잡아먹어 두 사람은 무사하게 된다.

8. 라바나의 남동생 쿰바카르나는 자고 있었지만 용맹한 거인 군의 대장이었다. 랑카에서 싸움은 계속되자 속을 태운 라바나는 6개월에 한번 밖에 잠을 깨지 않는 쿰바카르나를 억지로 깨운다. 쿰바카르나는 잠에 깨어있는 날 만 불사신이 된다. 그러나 잠이 채 깨지 않은 채 눈을 떴기 때문에 쿰바카르나는 마음껏 싸우지 못한다.

쿰바카르나를 깨우는 장면

9. 쿰바카르나가 전사하자 하녀들이 꽃을 뿌리며 슬퍼한다.

10. 쿰바카르나를 화장하려고 한다. 이 화면을 라바나의 전사 장면으로 보는 해석도 있다.

11. 라바나가 전사하자 마왕의 군대는 뿔뿔이 흩어져 도망간다. 전 화면을 라바나의 전사 장면으로 해석하면 이 화면은 해석이 불가능해 진다.

라바나의 전사 장면

12. 시타는 시녀 트리자타와 정원에 앉아 있다. 그리고 트리자타는 시타에게 랑카가 함락하여 라마가 도착한 것을 알린다.

13. 라마와 시타가 재회하는 장면이다.

14. 뷔비샤나는 라마에 의해 알랭카 왕국의 왕으로 임명된다.

15. 라마와 시타, 락슈마나, 바라타가 아요디야에 개선하는 장면이다. 라마는 아요디야의 왕이 되어 왕국은 평화스럽게 번영한다.

라마의 개선 장면

16. 라마와 시타가 궁전 안의 왕좌에 앉아 있다. 시타가 임신하자 사람들은 시타의 정절을 의심한다. 라마는 시타를 숲으로 추방한다.

라마와 시타가 궁전 안의 왕좌에 앉아 있다

17. 시타가 락슈마나의 호위를 받으며 마차를 타고 유배지인 숲으로 떠난다.

18. 숲에 도착한 후 시타가 성선 바루미키를 만난다.

시타가 유배지로 떠나는 장면 17. 18.

19. 시타는 숲에서 혼자 살게 된다.

20. 출산이 가까워진 시타가 성선 바루미키에게 몸을 의탁한다.

시타가 숲에서 사는 장면 19. 20.

21. 숲에서 시타는 쌍둥이 사내아이를 출생한다. 쿠샤와 라바로 이름을 짓는다<sup>부조에는 한 왕자만 새겨져 있다</sup>.

시타가 아이를 출산한 장면

22. 성선 바루미키가 왕자들의 탄생을 축하한다.

23. 시타와 아들이 과일을 가지고 집으로 돌아간다<sup>부조에는 한 아이만 새겨져 있다</sup>.

24. 쿠샤와 라바는 성선 바루미키에게 무예를 배우며 성장한다.

쿠샤와 라바가 바루미키에게 무예를 배우는 장면

25. 시타가 죽자 아이들은 선인과 함께 아버지를 찾아서 길을 떠난다.

26. 성선 바루미키가 쿠샤와 라바를 대동하여 말 축제가 행해지고 있는 아요디야에 간다.

27. 아요디야 궁전 주변에서 쿠샤와 라바는 라마 왕의 행적을 노래한다. 라마 왕은 놀라서 그들을 만나 신상 이야기를 듣는다.

28. 선인이 나타나 그들이 라마 왕의 진정한 아들인 것을 알려준다. 라마 왕은 자신의 죄를 뉘우치고 왕자에게 왕위를 물려준다.

29. 쿠샤가 왕으로 즉위하여 아요디야에서 성대한 즉위식이 열린다.

쿠샤 왕의 즉위식

30. 쿠샤 왕을 브라만 승들이 지켜보고 있다.

이 라마야나 이야기의 부조는 동남아시아 미술사 가운데 가장 오래된 작품이며 조각적으로도 훌륭하다. 이야기가 설하는 것은 라마의 선행, 법<sup>달마</sup>에 따라서 사는 사람은 번성하고, 그에 반하는 사람은 사멸에 이른다는 영원불멸의 진실이다. 그중에서도 특히 라마야나·가카윈의 제3편에서 라마에 의한 제2왕비의 아들 바라타 이야기<sup>제왕 학에 관한 교훈</sup>는 사람이 사는 데 중요한 진리이다.

# Ⅶ. 프람바난 주변의 사원과 유적

### 찬디 카라산

족자카르타 시에서 동북동 17km 떨어진 프람바난을 향하는 국도 중
간 지점에 찬디 카라산이 있다. 기단, 회랑, 계단의 대부분은 원형이 남아
있지 않다. 1927~1929년 네덜란드 식민지정부가 복원을 시도했다가 자료와 기
술 부족 때문으로 중간에 포기하여 방치한 상태이다. 현재 당사 북쪽과 서쪽 돌
출부 부분은 전부 붕괴하였고, 정면 동쪽 돌출부 옥개도 무너져 내렸지만, 남쪽
면만이 원형이 가장 잘 남아 있다. 옥개도 졸속한 상태로 복원해 놓았다. 복원 당
시 일부 석재의 유실도 있었지만, 충분한 조사와 연구가 이루어지지 않은 상태
에서 식민지정부가 안이하게 복원 작업을 한 것이 큰 문제이다. 해체·복원 이전
의 백제의 미륵사지 서탑을 볼때 느끼는 쓸쓸한 느낌을 받지만 중부 자부 사원
의 기념비적인 유적이다.

건축 구성은 디엥 고원과 그동 송고의 북방형 사원에 비해서 한층 발달한 사
방 대칭의 십자형 평면을 하고 있다. 기단은 정방형<sup>1변 약 34m</sup>으로 남방형 구조를
하고 있다. 카라·마카라 장식으로 꾸며진 S자형 날개벽 계단이 사방에 설치되어
있다. 기단 위에 폭넓은 회랑이 만들어져 있고, 그 바깥 면에 소형 장식 스투파로
장식한 난순으로 둘러싸여 있다.

찬디 카라산

　　기단 바깥 주변에 사원을 방형으로 둘러싼 합계 52기의 소형 스투파가 세워져 있다. 소형 불탑은 보로부두르나 찬디 믄듯과 같이 이 사원에서 수행했던 많은 고승의 유골을 안치한 영묘였다. 우리나라의 부도와 유사한 기능을 하고 있다. 남아 있는 소형 불탑 연구에 의해서 4.6m의 정교한 종형鐘形 스투파가 복원되었다.

　　정방형 중앙돌출부 14.2m에 전실폭 7.1m 및 측실안쪽 길이 3.55m을 밀어내서 20각형으로 당사가 만들어져 있다. 동쪽 전실 내부는 양쪽 측벽에 각각 3개의 벽감이 설치되어 본존을 모시는 중심 주실主室로 이어진다. 다른 3면의 돌출부 내부는 각각 불상을 안치하는 측실로, 그 양 측벽에도 각각 1개의 벽감이 만들어져 있다. 주실 및 측실, 전실 내의 측벽 감실에서 청동제 불상 파편이 발견되었다. 손이나 팔의 파편으로 보아 등신대의 불상이 안치되었던 것을 알 수 있다.

　　외벽 중앙 4면에 화려한 카라·마카라 장식으로 테두리를 한 입구가 있고, 그 좌우에 수호신의 부조를 새겨놓은 작은 감실이 있다. 사방의 돌출부 측벽 중앙에도 카라·마카라 장식의 불감이 마련되어 있다. 특히 남쪽 입구 상부에 남아 있는 귀면 카라는 크고 섬세하여 자바 제일의 걸작이다. 당사의 각부는 면석을 가진 기대와 기단으로 이루어졌다. 기단은 중후한 각종 장식을 구사해서 수평선을 강조하고 있다. 처마 끝의 꽃봉오리 장식과 왜인 상의 부조로 꾸며진 중후한 기둥 장식, 옥개의 당초문양은 찬디의 아름다움을 한껏 뽐내고 있다.

카라 장식(찬디 카라산)

크메르인 인물상(찬디 카라산)

당사 벽면 부조 장식은 일부 파손한 부분도 있지만, 조각적으로 매우 뛰어나다. 케두 분지의 찬디에 비해서 한층 발달한 양식으로 중부 자바기 예술의 정수라고 할 수 있다. 특히 주목되는 점은 외벽 석재에 옻칠<sup>바주라레파</sup>을 바른 점이다. 석재를 쌓고, 그 외벽에 정교한 조각을 새겨놓고, 석재의 거칠함을 보완하기 위해서 옻칠을 한 것이다. 지금도 남쪽 입구 상부에 창건 시의 옻칠 일부가 남아 있어, 귀면 카라의 아름다움을 한층 더 돋보이게 한다. 이 아름다움은 경주 석굴암에서 느끼는 감정과 비슷한 것으로 고대 자바인의 사원 건립에 대한 깊은 신앙심과 정성을 느낄 수 있다.

출입구나 불감 주변에 악기를 연주하는 천인상과 보살상도 조각적으로 뛰어나다. 장대한 찬디 구조와 바깥 벽면의 이상적인 수직선이 부조와 절묘하게 어울린다. 세부의 섬세한 부조가 투박한 석조 건축의 아름다움을 자아낸다. 유적 앞에서 치하라 타이고로의 추정 복원도를 보면 원래 찬디 카라산의 아름다움을 쉽게 상상 할 수 있다.

당사 입구의 카라 위에 크메르인으로 보이는 인물상이 새겨져 있다. 크메르인으로 단정할 수는 없지만,

쓰고 있는 고깔 형의 모자는 자바에서는 볼 수 없는 형태이다. 이러한 크메르인 인물상은 찬디 푸라오산에서도 볼 수 있다. 자바 왕조와 크메르 왕조가 밀접한 교류가 있었던 것을 알 수 있다.

이 찬디 장식으로 채용되어 있는 카라·마카라 장식의 하부에 있는 마카라 조각이 특이하다. 일반적으로 마카라는 바깥을 향하여 한 면만 새겨지는데 이 사원에서는 앞 뒤 한 쌍으로 조각되어 있다. 앞뒤에 한 쌍이 새겨진 마카라는 찬디 사리와 찬디 반유니보에서도 볼 수 있다. 극히 예외적으로 만들어진 것이지만, 이들 사원의 건립은 연대적으로 가깝다. 이러한 형태의 마카라는 캄보디아의 앙코르 전기<sup>800~1,000년</sup> 유적에서도 많이 볼 수 있다.

중심 주실 상부에는 8각형의 공간이 만들어져 있다. 그 측벽에 감실이 설치되어 있어, 감실과 감실 사이의 벽면에 불상이 부조되어 있다. 사방의 돌출부 및 그 중간의 구석 모서리 위에 각각 장식 스투파와 벽감이 만들어져 있다. 돌출부에 있는 것은 직사각형으로 정면에 3개, 측면에 2개의 감실을 가진 5기의 장식 스투파가 있다. 구석 모서리 위의 것은 정방형의 함형으로 4면에 감실과 그 위 8각형 대좌에 장식 스투파 1기가 만들어져 있다. 옥개의 감실에는 모두 불상이 안치되어 있었다.

찬디 카라산의 옥개는 그 구성이 매우 복잡하여 식민지시대에는 완전한 복원이 불가능했었다. 인도네시아고고학연구소의 연구에 의해 현재 어느 정도 추정 복원이 가능하지만, 많은 석재의 유실에 의해서 완전한 복원은 지금도 매우 어려운 상태이다.

찬디 카라산에서 연대를 기술한 비문이 발견되었다. 일반적으로 이 비문을 《카라산 비문》이라고 부른다. 특히 비문은 사원이 서기 778년에 창건된 것을 비롯해 샤일렌드 왕조와 마타람 왕조에 관한 기록이 있어 자바사의 해명에 중요한 사료이다.

비문에 의하면 '샤일렌드라 왕이 라카이 파낭카란<sup>마타람 왕국의 왕</sup>에게 명하여 다라 여신을 제사 지내는 성당과 승원을 건설했다'고 한다. 그리고 '라카이 파낭카란이 카라산 마을을 불교 교단에 기증했다'는 내용이 적혀있다.

비문에 의해서 찬디 카라산이 778년에 창건한 연대의 결정적인 근거가 된다. 그러나 그 후의 발굴 조사에서 현재의 찬디 카라산은 778년 당시의 것이 아니라, 자바의 사원 증축 관례에 따라서 3회에 걸쳐서 증축한 9세기 사원으로 밝혀졌

옥개(장식 스투파와 감실 불상 찬디 카라산)

다. 또한, 현재 남아 있는 유구 일대에서 많은 출토품이 발견되어 원래 큰 규모의 사원있었던 것을 알 수 있다. 찬디 카라산 문전 수호신이었다고 하는 한 쌍의 드바라파라 상이 족자카르타의 소노부도요 박물관에 전해지고 있다.

## 찬디 사리

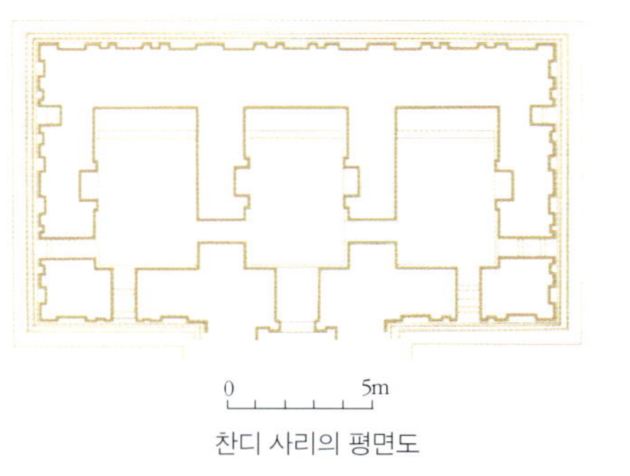

찬디 사리의 평면도

찬디 카라산 북동 800m, 족자카르타에서 프람바난을 향하는 국도 왼쪽의 븐단 마을에 찬디 사리가 있다. 이 찬디는 불교 사원의 비하라<sup>승방</sup> 유적으로 여겨지고 있다. 그 세부 양식은 찬디 카라산과 매우 유사하다. 따라서 찬디 사리와 찬디 카라산은 같은 기능과 시기에 속하는 사원으로 추정되고 있다. 비하라는 내부에 불상을 예배하면서 승려가 거주하는 일종의 강당이다. 하지만, 같은 유형의 건축이 자바에서 그다지 발견되지 않았기 때문에 고귀한 신자가 명상하는 곳, 혹은 제사 용구나 경전을 보관하는 경전<sup>서고</sup> 등 그 용도에 대해서는 여러 가설이 제기되었다.

찬디 사리는 정방형의 사당 안에 신상을 안치한 일반적인 사원 건축과는 구조가 다르다. 내부에 목조 바닥이 있었던 2층 건물로, 직사각형 방이 3개 만들어져 있다. 또한, 사당형 찬디에서 거의 볼 수 없는 창문이 마련된 점으로 보아 신·불을 안치한 금당이라기보다는 강당 혹은 경장일 가능성도 있다. 기단<sup>높이 2m</sup>과 회랑이 있고 입구 정면 중앙에는 계단과 전실이 있었지만, 현재 그 원형을 전혀 찾아볼 수 없다. 당사<sup>17.3×10m</sup>는 직사각형의 평면을 하고 동쪽이 정면이다.

건물 내부는 동서로 긴 3개의 방으로 나누어져 있고, 아래층 중앙 승방에서 좌

찬디 사리

우의 승방으로 이어지는 연락 통로가 마련되어 있다. 좌우의 승방에는 정면과 측면에 창문이 있다. 각 승방의 정면 안쪽에 불상을 안치했던 제단이 있다. 또 그 측벽에는 중앙 승방 2, 좌우 승방 각 1개의 불감, 2층 서쪽 벽에 창문이 만들어져 있다.

　당사의 외벽에는 내부 3개 승방의 평면적 배치에 맞추어서 출입구와 창문이 배치되어 있다. 입체적인 상하층은 중후한 기단 및 기둥 장식에 의해서 명료하게 구분된다. 외벽은 길이가 긴 3개의 평반과 길이가 짧은 2개의 평방으로 분할되어 있다. 평방과 평방 사이에는 1층에는 기둥 장식, 2층에는 작은 감실로 장식되어 있다. 창문은 소용돌이 당초 및 마카라를 장식 문양으로 채용한 큰 파풍 형식이다. 이렇듯 다양한 부조는 건축 벽면에 강한 장식 효과를 연출하고 있다.

창문과 벽면 부조

천인 부조(머리 위에 뱀이 새겨져 있다)

창문과 창문 사이의 벽면은 기둥 장식에 의해 구획된 소형 평방과 대형 평방 안에도 많은 부조가 새겨져 있다. 특히 우아한 자태를 한 보살과 여러 천인의 부조가 아름답다. 찬디 사리의 외벽도 찬디 카라산과 같이 조각 표면에 옻칠이 칠해져 있다. 이들 사원은 형태와 구조는 다르지만 불교 사원으로 조상 양식도 매우 유사하다.

비하라 내부(카라·마카라 장식의 벽감)

옥개는 凸형의 반곡 및 곡판 지붕으로 되어 있다. 이 사원은 1929년 반 트몬트가 복원했는데, 옥개 부분이 원래부터 특이한 형태로 만들어져 있었던 것인지, 혹은 반 르몬트가 잘못 복원한 것인지 알 수 없다. 접시 형 지붕 용마루에는 3개의 장식 스투파가 설치되어 있고 양 벽면에는 큰 카라·마카라 장식으로 꾸며진 벽감이 있다. 옥개 남북 측면에도 작은 감실이 만들어져 있다.

찬디 사리와 유사한 직사각형의 평면 위에 곡판 지붕을 하는 건축 양식은 인도 마드라스 근교의 '비마·라타나'와 '가네샤·라타' 등이 있다. 남인도 팔라바 왕조의 힌두교 건축은 자바의 디엥과 그동 송고에 남아 있는 북방형 찬디의 기원이다. 한편, 프람바난의 남방형 찬디의 기원은 동북인도 파라 왕조의 사원으로 여겨지고 있다. 인도에서 자바에 다른 계통이 다른 2왕조의 문화가 유입한 것으로 추정되고 있다. 보로부두르의 구기단 부조에 찬디 사리와 유사한 사원 부조가 새겨져 있어, 반 르몬트 복원은 전혀 근거가 없는 것은 아니라고 필자는 생각한다. 찬디 사리는 8세기 말 혹은 9세기 초기에 건립된 불교 사원이다.

## 찬디 세우

찬디 세우(1943년, 오가와 세이요 촬영)

족자카르타 시에서 동쪽의 솔로 시를 향하여 17km 떨어진 곳에 프람바난 마을이 있다. 마을의 북방 약 1km 지점에 있는 찬디 세우는 불교 사원으로 인도네시아에서 최대 면적을 가진 사원이다<sup>남북 185m, 동서 165m</sup>. 찬디 로로 종그랑은 각 사당이 높이와 크기를 자랑하는 반면, 찬디 사리는 중소형의 사당 군이 모여 장관을 연출하고 있다. 동쪽을 정면으로 하여 돌담이 둘러싸여 있다. 동서남북 4변의 중앙 문 앞의 좌우에 각각 거대한 한 쌍의 드바라파라 상이 안치되어 있다.

원래 찬디 세우에는 각 문 앞의 드바라파라 상에서 전방 300m 떨어진 지점에 수호신을 모신 전위 사원 '찬디·아스'[동], '찬디·크론'[서], '찬디·부브라'[남], '찬디·로르'[북]가 있다. 지금은 남쪽 찬디 부브라의 기단 만이 남아 있고, 다른 3 사당은 흔적도 없이 무너져 버렸다. 동쪽의 찬디 아스에는 부의 상징인 구베라 신을 제사 지낸다. 찬디 파원의 사례와 같이 동쪽의 전위 사원에 수호신 구베라 신을 모시는 것이 당시의 일반적인 관례였다.

세우는 '1,000'의 뜻으로 '찬디 세우'는 '1,000의 사원'이라는 의미이다. 사원 안에는 중심 사당을 둘러싸고 다수의 '찬디 페르와라'<sup>시녀의 의미</sup>가 사방에 대칭으로 배치되어 있다. 사원 중심부에 63×63m의 내원 울타리가 있고, 그 내원을 중심으로 주당이 동면해서 세워져 있다. 찬디 페르와라는 동서남북의 가장 바깥쪽 제1열에 88동<sup>입구가 바깥쪽을 향하고 있다</sup>, 그 안쪽 제2열에 80동<sup>입구가 안쪽을 향하고 있다</sup>이 세워져 있다. 그다음에 제2열에서 35m의 간격을 두고 제3열에 44동<sup>입구가 바깥쪽을 향하고 있다</sup>, 그 안쪽 제4열에 28동<sup>입구가 안쪽을 향하고 있다</sup>이 세워져 있다. 원래 동서남북 4열이 합계 240동에 달하는 사당이 배치되어 있었다.

국립인도네시아고고학연구소는 제2열과 제3열 사이의 동서에 각 2동, 북쪽에 1동, 계 5동의 기단 터를 발견했다. 이러한 발굴 조사를 근거로 하여 제2열과 3열 사이에 동서남북 사방에 2동씩 계 8동의 사당이 세워져 있었거나, 혹은 8동의 사당을 증축하려고 했던 것으로 생각해도 좋다. 만일 그렇다면 이 사원 건물 총수는 주당, 전위 사원, 찬디 페르와라를 합하면 253동에 달한다.

찬디 사리의 본래 사원 영역은 동서와 남북이 800m에 달하는 광대한 가람이었다. 사방에 드바라파라 상이 배치된 주당을 포함한 중앙 울타리 안이 '제로안'<sup>내원</sup>, 그 바깥쪽 4열의 전위 사원을 포함한 울타리 안이 '자바·텡가'<sup>중원</sup>, 그 바깥쪽이 '자바'<sup>외원</sup>로 3개의 공간으로 구분된다. 이러한 가람 배치는 대승불교의 우주관인 3계<sup>무색계, 색계, 욕계</sup>를 표상하고 있다.

이렇게 중심 사당을 둘러싸고 동서남북 사방에 중소형 사당을 다수 배치한 불교사원은 프람바난에서 많이 볼 수 있다. 찬디 세우 사원에 인접해 있는 불교 사원인 찬디 푸라오산 등도 전형적인 복합 사원이다. 힌두교 사원인 찬디 로로 종그랑도 넓은 의미로는 일종의 복합 사원으로, 이러한 복합 사원의 기원은 인도 파라 왕조 유적에서 찾아볼 수 있다. 인도의 복합 사원이 8~9세기경에 자바로 전파하여, 그 후 프람바난에서 대 복합 사원 군이 조영된다.

사리 사원 중심에 세워진 주당 유구는 현재 복원 작업이 진행되고 있다. 국립인도네시아고고학연구소의 추정 복원도를 보면 그 규모는 찬디 카라산보다도 한층 크고 정교한 십자형의 평면을 하고 있다. 찬디 카라산보다 훨씬 복잡하게 발달한 형태로 대표적인 남방형 찬디이다.

십자형 평면 기단<sup>28×28m</sup>은 정방형으로, 동서남북의 중앙 4변에 십자형 돌출부<sup>13×8m</sup>가 있다. 당사 주실<sup>7×6m</sup>을 중심으로 그 주위를 회랑이 둘러싸고 있다. 당사

찬디 페르와라(찬디 세우)

는 정방형18m으로, 안에 승방3.7×3.4m이 마련되어 있고 사방에 돌출부를 가진 완전한 십자형의 평면을 하고 있다.

동면하는 전실 돌출부 및 3개의 측실 내부 양쪽 측벽에는 아치형 감실이 각각 3개씩 마련되어 있다. 또 측실 내부의 정면 안쪽 벽면에는 연변을 떠받치는 왜인상을 상부에 새긴 기둥 장식으로 구획된 키가 큰 3개의 감실이 있다. 중심의 주실 안에 불상을 안치하고, 각 감실에는 밀교만다라계 불상을 배치했던 것으로 여겨지고 있다. 이러한 감실 배치를 근거로 하여 '금강계 만다라'와의 비교 연구가 발표되었고, 당사 안에 오방불, 보살, 천인의 청동제 불상이 안치되었을 것으로 추정되고 있다.

주당을 둘러싸는 찬디 페르와라는 옥개 형태에 따라 2개로 나눌 수 있다. 제2열과 제3열의 사당, 제1열과 제4열의 사당 옥개 형태가 다르다. 1927~28년에 제2, 제3열의 페르와라 1동이 복원되었고 현재도 복원 작업이 진행 중이다. 옥개의 형태 차이는 있지만, 전체적인 사원 구조와 형태는 아주 유사하다. 정면에 계단을 가진 정방형의 기단 위에 전실과 각 벽면 중앙에 작은 돌출부를 가진 당사가 세워져 있다.

당사 바깥 벽면에는 총 132구의 아름다운 보살 입상이 부조되어 있다. 그 형태는 대부분 변화가 없는 유사한 것들이다. 찬디 페르와라의 구성은 오히려 그 내부 쪽이 변화가 많다. 카라·마카라 장식과 연꽃 등을 문양으로 장식한 다양한 형태의 작은 감실이 내벽에 배치되어 있다.

불상(찬디 세우)

찬디 페르와라의 주실, 측실, 감실에는 석제와 청동제의 불상이 안치되었던 것으로 추정되고 있다. 무너진 찬디 페르와라 주변에는 전법륜인을 하는 불상이 남아 있다. 이들 불상 크기와 양식은 보로부두르 감실 불상과 매우 유사하다. 또한, 당사 벽면에 새겨진 부조 상도 눈을 감고 명상하는 얼굴과 절제된 육체미가 조각적으로 뛰어나다. 당사 벽면의 천계에서 명상하는 석가 부조는 보로부두르 부조와 아주 유사하다.

찬디 세우 750m 남쪽 쿠루라크에서 출토한 《쿠루라크 비문》 782년이 있다. 비문에는 '힌두교의 브라마, 비슈누, 시바와 동등한 붓다석가, 달마법, 상가교단를 구현한 만주스리문수보살 상 건립'에 대한 기록과 샤일렌드라 왕조 3대 인드라 왕782~812년에 대하여도 언급하고 있다. 종래에 이 비문에 적혀 있는 사원은 찬디 세우에서 500m 남쪽, 즉 비문 출토 지점에

벽면 부조(찬디 세우)

서 말하면 250m 북동쪽에 있는 '찬디 룸붕'으로 비정되고 있었다.

그러나 만주스리 구루하Manjusri Grha, 문수보살 사원라는 사원이 792년에 증축 한 것을 기록한 비문이 1960년에 찬디 세우에서 발견되었다. 따라서 쿠루라쿠 비문이 전하는 문수보살상의 건립 사원은 찬디 룸붕이 아니라, 찬디 세우이며 서기 782년에 창건한 주당은 10년 후인 792년에 증축한 것이 밝혀졌다. 찬디 세우를 건립한 것은 힌두교도인 마타람 왕조의 라카이 파낭카란 왕746~784년 설과 불교도인 샤일

렌드라 왕조 설이 대립하고 있었는데, 새롭게 발견된 비문에 의해서 찬디 세우는 샤일렌드라 왕조의 인드라 왕이 건립한 것이 명확해 졌다.

## 찬디 푸라오산

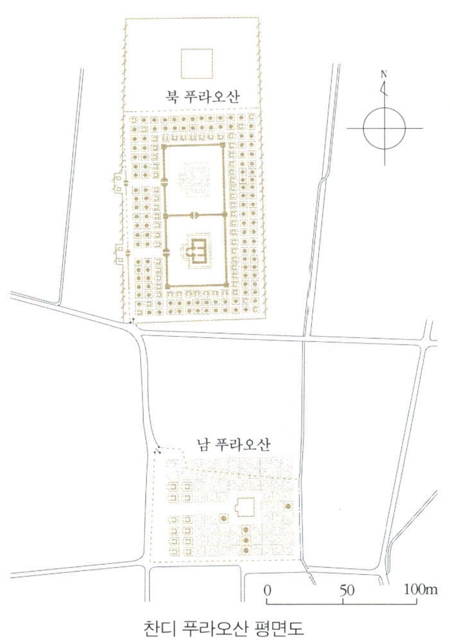

찬디 푸라오산 평면도

찬디 푸라오산도 대규모의 불교계 사원 군으로, 찬디 세우 동북동 1.5km 부기산 마을에 있다. 프람바난의 대부분 사원이 정면을 동쪽으로 하고 있는 것에 대해 이 사원은 서쪽을 정면으로 하고 있다. 남북으로 90m 사이에 '찬디 푸라오산 로르<sup>북</sup>'와 '찬디 푸라오산 키두르<sup>남</sup>'라는 2개 사원으로 이루어져 있다.

148×87m의 직사각형 석벽으로 둘러싸인 남쪽 사원 군이 현재 남아 있는 찬디 푸라오산의 중심부이다. 이와 인접해서 북쪽 60m에 역시 석벽으로 둘러싸인 공간 안에 석재 유구가 산재해 있다. 울타리 거의 중앙에 복원된 주당<sup>비하라</sup>과 그 주위에 65기의 소형 사당<sup>찬디 페르와라</sup>이 있다.

찬디 푸라오산 로르

한편, 남쪽에 있는 푸라오산은 70×90m의 석벽으로 둘러싸여진 사원이 남아 있다. 정방형의 주실 안에 삼존 상이 안치되어 있고, 이 주당을 둘러싸서 16동의 찬디 페르와라와 69기의 소형 스투파가 있었다. 1960년에 복원된 주당, 찬디 페르와라, 스

찬디 푸라오산

투파를 제외하면 대부분의 유구는 붕괴한 채로 방치되어 있다.

남북의 양 푸라오산 사원 전체 규모는 남북 370m, 동서 90m로 직사각형의 대지 위에 가람이 배치되어 있다. 남북 양 푸라오산 중간에 있는 공터는 불사를 행하기 위한 장소였다. 발굴 조사를 통한 북 푸라오산 남쪽 찬디 중앙에 2동의 승방 형 찬디인 비하라가 복원되었다. 한 변이 49×39m의 직사각형 2층 석재 건물은 각각 서쪽을 정면으로 하고 있다. 석벽의 구석모서리에 정방형의 작은 사당이 세워져 있다.

이 외원 석벽 외주를 둘러싸고 찬디 페르와라 기단 5×5m 50동과 소형 스투파 54기가 세워져 있었다. 또한, 그 바깥쪽에도 동일하게 석벽 네 구석 모퉁이에 4동의 찬디 페르와라와 소형 스투파 계 62기를 배치하고 있다. 즉 내원인 중심 사당에 3열 총계 58동의 찬디 페르와라, 116기 소형 스투파를 배치하고 있다. 그리고 87×148m의 전원 북 푸라오산 남쪽 사원 군 영역을 구획하고 문 앞에 각각 한 쌍의 수호신 드바라파라 상을 안치하고 있다.

창문과 벽면 부조(찬디 푸라오산 로르, 남쪽 사당)

벽면 부조(찬디 푸라오산 로르, 남쪽 사당)

1960년에 복원된 비하라 기단14.2×21.6m은 직사각형으로 서쪽 정면에 돌출부35×9m가 있다. 그 중앙에 전형적인 중부 자바기 형 S자형 날개벽을 한 9단의 계단높이 2.1m이 설치되어 있다. 기단 구조는 중부 자바의 남방형이다. 당사는 직사각형 2층높이 7.5m으로 서쪽 정면에 입구폭 1.26m를 가진 단층 전실이 만들어져 있다. 그 바깥 벽면은 찬디 사리와 유사한 형식이다. 창문과 창문 사이에 아름다운 자태의 보살과 제천의 부조가 이채를 띠고 있다. 옥개의 구성은 3층 계단식 피라미드로 지상 층 높이는 20.5m이다.

당사 아래층 정면으로 돌출한 전실2.6×2.2m을 통해서 중앙 승방3.5×5.8m으로 연결된다. 그 좌우 측벽에서 복도폭 86cm를 통하여 좌우에 승방이 있다. 이 승방은 각각 정면 및 측면의 외부에 창문 2개가 만들어져 있다. 전실 및 3개의 승방 양쪽 측벽에는 카라·마카라 장식의 감실이 1개씩 있다. 카라 머리 양편에는 킨나리가 부조되어 있다. 승방의 감실 양쪽 벽면에는 양산을 받고 서있는 순례승과 앉아

앉아서 합장하는 귀인(찬디 푸라오산 로르, 남쪽 사당)

서 합장하는 귀인의 부조가 있다. 또 이들 측벽 상단에 꽃병 장식과 조류가 부조되어, 킨나리 부조와 함께 실내 전체에 천계의 분위기를 빚어내고 있다.

실내 공간은 원래 목조 바닥으로 1층과 2층으로 나누어져 승강용 사다리를 걸쳐 놓은 흔적이 발견되었다. 2층 승방은 천장 부분을 제외하고 1층과 거의 같은 구조로 만들어져 있다. 1층 3개의 승방 안쪽에 각각 삼존 상을 안치하는 대좌<sup>높이 75cm, 안쪽 길이 1m</sup>가 있어, 신상 수는 3×3×2의 18구가 된다. 전실과 1층, 2층 승방 측벽에 있는 감실 내에도 신상이 안치되었다면, 역시 2동에 2×3×2+2×2의 16구가 된다. 북 푸라오산 남쪽 사원 군의 중심이 되는 2동의 비하라에는 총계 46구의 불상이 안치된 것으로 추정 된다. 그러나 현재 남아 있는 불상은 불과 14구에 지나지 않고, 현지 및 국립인도네시아박물관, 네덜란드 박물관이 소장하고 있다. 이 불상 대부분은 상당히 손상되었다. 화염 문을 한 광배, 연화 좌 위에서 결가부좌 한 보살상의 보관, 영락, 유대 등은 찬디 로로 종그랑 당사 기대에 새겨진 방위 신 로카파라보다 양식적으로 선행하고 있다.

찬디 푸라오산 사원 군의 건립 연대는 최근까지 대체로 9세기 후반으로 여겨졌다. 그러나 부조와 석상은 전형적인 9세기 초반 양식이다. 이점은 찬디 푸라오산 및 찬디 로로 종그랑에서 발견된 다수의 비문 연구에서 그 건립 연대는 약 반 세기 정도 앞당길 수 있다. 늦어도 샤일렌드라 왕조가 세력을 잃어버리기 전인 856년 이전에 이미 준공되었을 것으로 보는 설이 유력하다.

양산을 받고 서있는 순례 승(찬디 푸라오산 로르, 남쪽 사당)

내부의 보살상(금강수보살상과 관세음보살상, 찬디 푸라오산 로르, 남쪽 사당)

　최근의 비문 연구에서 건립자의 이름이 구체적으로 거론되고 있다. 찬디 푸라 오산은 9세기 중반 샤일렌드라 왕조의 사마라퉁가 왕의 딸인 '스리·카후룬난' 혹 은 마타람 왕조의 라카이·피카탄 왕의 왕비인 '푸라모다바르다니'가 건립한 것 으로 추정하는 견해가 있다. 건물 안에서 발견된 비문에도 마타람 왕국의 명군 라카이 피카탄 왕과 관련하는 내용이 있다. 하지만, 대규모의 찬디 푸라오산을 샤일렌드라 왕조의 마지막 여왕 푸라모다바르다니 1대에 완성했다고는 생각할 수 없다.

　또한, 승원 안의 벽면 부조에는 캄보디아의 크메르 왕조와 관련하는 인물상이 새겨져 있다. 중부 자바 왕조와 캄보디아의 크메르 왕조와는 밀접한 교류가 있 었던 것으로 추정된다. 찬디 카라산의 벽면에도 크메르인으로 보이는 부조가 새 겨져 있다. 따라서 앙코르 유적은 자바 힌두교 유적의 영향을 받아 성립했을 가 능성도 있다.

　찬디 사리 및 찬디 북 푸라오산 주당이 같은 직사각형 평면의 2층 석재 건축이 다. 외벽에 창문을 설치한 것은 중부 자바에서 그다지 볼 수 없는 특이한 구조이 다. 이러한 창문 구조로 보아 승려가 기거한 '승방<sup>비하라</sup> 설'과 경서를 보관하는 '경 장 설'이 있다. 좁은 실내 구조를 고려하면 경장 설이 유력하다. 실제로 승려의 주거로는 사원 인근에 목제 건물이 사용되었을 가능성이 크다. 하지만, 어느 유구이든 간에 내외부에 신·불상 혹은 요니와 링가를 안치하는 실내 공간과 감실을 가진 사당이라는 점은 예외가 없다.

타이의 불교 사원에서 금당을 '간부리엔'[Kamburien], 종루를 '호락캉'[HoRakkang], 경장서고을 '호트라이'[HoTrai]라고 한다. 찬디 사리와 찬디 푸라오산의 주당을 승방으로 보는 견해가 유력했었지만, 최근 인도네시아의 연구자들은 '경장'으로 보는 견해가 지배적이다. 버마의 '비다갓 타이'[PitakatTaik]도 경장을 가리키는 말로 경전의 뜻인 'Pitaka'와 서고의 뜻인 'Catuik'의 합성어이다. 따라서 필자는 찬디 사리와 찬디 푸라오산은 경장이라고 생각한다.

### 찬디 사지완

찬디 사지완은 찬디 로로 종그랑 남동 2km에 있는 불교 사원이다. 남쪽 80m 떨어진 곳에 '찬디 카론간'이 있어 원래 찬디 푸라오산과 같이 남북 한 쌍으로 배치된 사원군이다.

현재 사원은 옥개가 대부분 무너져 내린 것을 복원했다. 서쪽을 정면으로 하는 높이 18m, 폭 18.8m의 기단은 정면 전실[3.4m] 앞에 만들어져 있다. 그 중앙에 폭 3.3m, 안쪽 길이 35m의 S자형 날개벽을 가진 계단이 있다. 기단 구조는 중부 자바기의 남방형으로 면석에는 본생담의 부조가 새겨져 있다. 계단 날개벽의 천계수 부조가 조각도 뛰어나고 유명하다. 계단 위에는 찬디 누가원과 유사한 공문이 만들어져 있다.

찬디 사지완

당사와 옥개의 대부분이 붕괴되었지만, 원래 정면에 큰 전실을 만들고 다른 3측 벽은 중앙부를 돌출시킨 십자형의 평면 구조를 하고 있다. 주실 좌우에 각각 1개의 감실이 있고 주실 내부에 채광을 위하여 벽면에 직사각형의 창문이 설치되었다. 중부 자바기의 일반적인 사당

기단 부조(찬디 사지완)

계단 날개벽의 천계수 부조(찬디 사지완)

형 찬디에서 볼 수 없는 특이한 구조이다. 주실 정면에는 본존불과 양 협시 보살의 3 존상이 안치되어 있었다. 주실 바닥 중앙에 2×2m의 석실이 있고, 1902년 조사에서 골편, 거북이, 나가의 형태를 한 금박 세공품이 발견되었다. 나가는 산스크리트어로 '용'코브라의 의미이며 신화에서는 반인반사半人半蛇로 지하와 물을 관장한다. 힌두교·불교에서 비슈누신과 석가의 수호신으로 자주 등장한다.

외관 표면에는 안산암계 석재가 사용되었다. 내부 석재는 라투 보코에서 채취한 것으로 보이는 응회암계 석재<sup>파라스</sup>를 사용하고 있다. 찬디 푸라오산과 찬디 로로 종그랑과 같은 석재를 사용하고 있어, 건립 연대가 비슷하다고 보는 일본인 학자의 견해도 있다. 하지만, 같은 석재를 사용했다고 해서 모두 같은 시대에 만들어진 사원은 아니다. 이 사원도 샤일렌드라 왕조가 세운 8세기 말의 불교 사원이다.

## 프람바난 주변의 힌두사원과 유적

자바의 힌두교 사원과 불교 사원의 차이는 무엇일까? 넓은 의미로는 동남아시아의 힌두교와 불교 사원의 조각에는 예배 대상이 되는 존상과 함께 건축 내외의 장식 조각이나 부조가 매우 큰 비중을 차지하고 있다. 물론 불교 또는 힌두교의 사원인 것을 명확히 나타내기 위하여 각각의 신상을 새겨놓고 있다. 프람바난의 불교 사원에는 불상 및 보살상이 안치되었고, 힌두교 사원에는 힌두 신상들이 안치되어 있어, 힌두교와 불

카라 · 마카라 장식(찬디 바롱)

찬디 반유니보

찬디 바롱

교가 명확히 구분된다.

그 밖에 옥개 장식에도 차이가 있다. 또한, 당사나 기단에 새겨지는 조각의 주제도 힌두교와 불교는 서로 다르다. 힌두교에서는 힌두교 신, 힌두교 설화가 새겨져 있고, 불교는 불상, 불교 설화가 새겨져, 양자의 차이는 명료하다.

그러나 그것들은 주제를 달리한다는 한정적인 의미로, 실제 조형적 표현법 혹은 양식은 그 차이를 인정할 수 없을 만큼 아주 유사하다. 사원 건축 구조 자체가 옥개 부분<sup>힌두교 사원은 라토나, 불교 사원은 장식 스투파</sup>을 제외하면 양자를 구별할 수 없을 만큼 유사하다. 또한, 동식물을 주로 하는 각종 문양과 기하학적 문양은 물론이고, 힌두교·불교 미술 특유의 반신적 성격을 가진 종교적 상징인 카라·마카라, 킨나리, 간다루바, 가루다, 앙사, 나가, 아푸사라스<sup>천녀</sup>, 가나, 꽃병, 또는 다채로운 복합 문양 등 부조는 힌두교와 불교 사원에서 같이 사용되고 있다.

이러한 자바 사원<sup>동남아시아 사원</sup> 부조에서 2 종교의 교의적인 차이는 인정할 수 없다. 따라서 힌두교와 불교의 전반적인 조소적 조형 표현은 완전히 동일한 유형을 나타내고 있다. 요컨대 힌두교와 불교의 중층성은 조각과 건축에 강하게 반영되고 있다.

미술사·종교사적인 입장에서 자바의 힌두교와 불교의 융합은 인정할 수밖에 없다. 그렇지만 정치사적인 문제는 어떻게 생각해야 할 것인가? 프람바난 주변 사원들은 일정한 지역 안에 시기적으로 거의 비슷한 시기에 힌두교 사원과 불교 사원이 혼재하고 있다. 상식적으로 별개의 왕조가 각각 사원을 세웠다고 생각 할 수밖에 없다. 간헐적으로 문헌에 나타나는 불교 왕조와 힌두교 왕조가 결혼에 의해서 프람바난 주위에 대규모의 사원을 세웠다고 한다면 큰 모순점은 없다. 원래 자바에서 힌두교와 불교는 서로 배척하는 이질적인 종교가 아니다.

구 왕조인 마타람 왕조의 후예가 신흥 국가인 샤일렌드라 왕국 공주와 결혼한 것이 역사적인 사실이라면, 프람바난에 대규모의 힌두교 사원과 불교 사원이 혼재하는 것은 그다지 문제가 되지 않는다. 최근까지 구 왕조<sup>마타람 왕조</sup>가 불교 세력 <sup>샤일렌드라 왕조</sup>을 끌어안기 위하여 힌두교 왕조가 정치적인 의도로 대규모 불교 사원을 건립했을 가능성도 있다. 혹은 조선시대 초기의 유교와 불교의 관계처럼 왕 <sup>마타람 왕조</sup>은 힌두교 사원을 왕비<sup>샤일렌드라 왕조</sup>는 불교 사원을 각각 건립하여 왕조의 번영을 기원했을 가능성도 있다.

찬디 로로 종그랑은 마타람 왕조 라카이 피카탄 왕의 '영묘'이기도 하지만, 샤일렌드라 왕국의 종막을 알리는 '과시용의 사원'이기도 했다. 보로부두르와 찬디 로로 종그랑은 샤일렌드라 왕국과 마타람 왕국이 상대의 중심지에 건립한 '영묘' 혹은 '과시용의 사원'이었을 가능성이 크다.

샤일렌드라 왕조의 왕성이 '라투 보코'이다. 라투 보코를 에워싸듯 마치 산성과 같이 세워진 사원이 찬디 바롱, 찬디 이조이다. 라투 보코 아래의 찬디 반유니

찬디 이조

보는 원래 불교 사원으로 세워졌던 것이 왕조가 바뀌면서 힌두교 사원으로 전용된다. 중심 사당 주변에 인도형의 스투파<sup>기단</sup>가 남아 있어 명백히 불교 사원이었던 것을 알 수 있다.

라투 보코를 둘러싸고 있는 외각의 산 정상에 '찬디 바롱'<sup>라카이 와랑 왕, 856년, 860년, 863년의 비문 발견</sup>과 '찬디 이조'는 샤일렌드라 왕조의 왕성인 라투 보코를 견제 혹은 감시하기 위해서 마타람 왕조가 세운 사원으로 여겨지고 있다. 이 2 사원은 사원이라기보다는 산성에 가까운 인상을 받는다. 찬디 바롱의 당사에는 내부 공간이 만들어지지 않았다. 건축 구조도 중부 자바기의 십자형<sup>남방형 찬디</sup>이 아니라 북방형 찬디에 가깝다. 그리고 동서남북 벽감의 카라·마카라 장식은 동부 자바기 양식과 유사하다. 찬디 이조의 주당 안에 링가와 요니가 안치되어있다. 샤일렌드라 왕국이 세력을 잃은 후, 즉 중부 자바를 힌두교 왕조인 마타람 왕국이 지배하면서부터 그 중심지인 프람바난에 대규모 힌두교 사원을 건립한 것이다.


## 찬디 삼비사리

찬디 삼비사리는 자카르타 시내에서 동쪽으로 8km 떨어진 공항 가까이에 있다. 이 힌두교 사원유적은 1966년 7월 밭을 갈던 농민에 의해 우연히 발견되었다. 메라피 산의 화산 분화 때문에 지하 5m 깊이까지 묻혀있었던 사원은 그 후 국립인도네시아고고학연구소의 발굴 조사에 의해서 그 전모가 밝혀졌다.

사원 구조는 정방형<sup>50×48m</sup>으로 주위가 석벽으로 둘러싸여 있다. 찬디 삼비사리는 3개의 작은 사원으로 구성되어 있다. 주당 기단은 평활 형으로 같은 형태의 기단은 찬디 푸린가푸스와 찬디 바둣 등 3 유구가 남아 있다.

이러한 기단 형태를 근거로 인도네시아 고고학자 수크모는 이 유적을 8세기 후반의 건립으로 추정하고 있다. 중심 사당은 입구를 동면으로 한 정방형<sup>13.65×13.65m</sup>

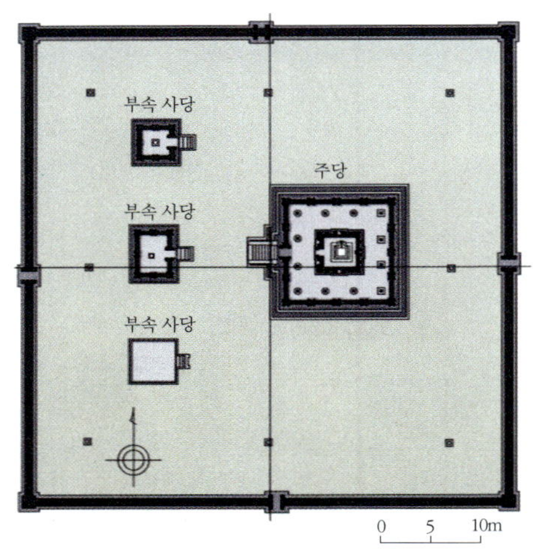


평면도(찬디 삼비사리, 와세다대학 아시아건축 연구소)

이다.

동쪽에 전형적인 중부 자바기 남방형의 S자형 날개벽 계단이 있고 그 밑에는 왜인gana이 두 손으로 받쳐 들고 있는 마카라 조각이 있다. 일반적으로 입구 상부에 귀면 카라를 장식하는데, 찬디 삼비사리 주당 입구에는 카라 장식이 없다. 기단 위에는 회랑폭 2.5m이 만들어져 있고 주실 내부폭·넓이 5m, 높이 2.5m에 링가와 요니가 안치되어 있다. 옥개는 3층의 계단식 피라미드형이다.

서·남·북 당사 중앙 벽면에 카라·마카라 장식의 감실이 있고, 북쪽 감실에 두르가상, 서쪽에 가네샤상, 남쪽에 아가스티야상이 안치되어 있다. 신상 배치로 보아 전형적인 시바교계의 사원이다. 주당 안에는 정교하게 조각된 요니폭·넓이 1.34×1.34m, 높이 1.18m와 링가폭·넓이 0.29×0.293m, 높이 0.8m가 안치되었다. 요니 북쪽 측면에 나가용가 부조되어 있다.

주당을 마주하고 3개의 작은 사당이 남북으로 세워져 있다. 주당 입구와 중간 사당의 입구가 마주보게 배치되어 있다. 북쪽 사당4.8×4.8m, 중간 사당4.9×4.8m, 남쪽 사당4.8×4.8m으로 당사와 옥개가 무너진 상태로 발견되었다. 화산재에 묻히기 이전에 벌써 사원은 무너져 있었던 것을 알 수 있다. 각 사당 안에 배치했던 요니와 링가가 지금도 무너진 당사에 남아 있다. 비교적 원형이 잘 남아 있는 중간 사당은 정면을 동면으로 하여 입구에 카라·마카라 장식이 새겨져 있고 내부에 요니가 남아 있다.

그 밖에도 찬디 삼비사리 영역 안에서 12개의 초석 유구를 확인하고 있다. 이들 유구에는 목조 건물이 세워졌을 것으로 추정되고 있다. 보로부두르와 로로 존

링가와 요니(찬디 삼비사리)

가네샤 상(찬디 삼비사리)

두르가 상(찬디 삼비사리)

그랑에 많은 고상식 목조 건축의 부조가 새겨져 있어, 당시의 승방으로 사용했던 건물을 상세하게 알 수 있다. 마타람 왕국을 통치했던 왕의 이름이 새겨진 '와누아 텡가 비문'을 근거로 라카이 가룽<sup>재위 828~846년</sup> 왕 시대에 건립한 것으로 추정되고 있다. 사원의 규모로 보아 왕 자신이 명하여 설립한 사원이라기보다는 당시의 귀족 계급이 발원한 사원으로 추정되고 있다.

## 이슬람신학대학 부지 내의 사원유적

최근 족자카르타 시 이슬람신학대학 부지 내에서 작은 힌두교 사원유적이 발견되었다. 국립인도네시아고고학연구소의 족자카르타 분소에서 발굴 조사했는데 그 사원 행태가 매우 특이하다. 현재 유적은 지하 1.5m의 지하에 묻혀있는데 발굴된 부분을 보면 직사각형의 석벽을 쌓고 바닥에 가공한 블록을 깔아 놓은 유구가 서로 마주 보고 인접해서 만들어져 있다. 중부 자바의 사당형 찬디 혹은 승방 형 찬디와 전혀 구조가 다른 직사각형의 울타리 안에 건물의 흔적을 찾아 볼 수 없다. 요니와 링가, 연화 대좌, 난디상 등의 석상이 있고 일각에 사각형 용천수우물터가 남아 있다. 현재는 도시화가 진행되어 물이 말라 있지만, 과거에 용천수가 흘러나왔던 곳이라는 것을 쉽게 알 수 있다.

요니, 링가, 연화대좌, 난디(이슬람신학대학 부지)

이러한 용천수에 힌두교 사원을 세운 유적은 동부 자바의 페낭군간 유적이나 발리 섬 힌두교의 영수 '티르타'Tirta를 찬양하는 고아 가자 유적 등의 목욕장이 있다. 이러한 성스러운 물을 신앙하는 목욕장은 캄보디아 앙코르의 주요 사원에도 부속해 있다. 자바의 목욕장이나 연못大池, Tataka 유적은 힌두교와 토착 신앙과 관련하는 종교 시설일종의 사원로 해석해도 무방하다. 자바에서는 우주의 중심, 즉 신의 주거인 마하메루수미산의 정상에 있는 성지聖池에서 흘러나오는 용천수를 신앙하는 '성수 숭배' 사상이 있다. 지금도 페낭군간 유적에서는 용천수로 목욕재계하면 집안이 평안하고 만병이 치유되며 논밭에 이 물을 뿌리면 풍년이 든다고 믿고 있다. 이슬람신학대학에서 발견된 용천수 사원유적은 동부 자바와 발리 성수신앙의 선행 유적으로 주목된다. 이러한 유적은 중부 자바에서 발견된 적이 없었다. 9세기 말에 건립된 사원이다.

# VIII. 중부 자바 라우 산의 사원과 유적

## 찬디 수쿠

중부 자바 주의 솔로 시에서 동쪽에 떨어진 라우 산3,267m 고지는 인도문화의 물결이 침투하기 어려운 산간 오지 지역이었다. 이 산 서쪽 사면에 '성기 숭배 사원'으로 알려진 찬디 수쿠1,186m와 찬디 체토2,400m가 남아 있다. 라우 산은 자바인이 오래전부터 성산으로 숭배했던 산이다. 족자카르타에서 솔로 시를 경유하여 차로 3시간 정도 가면 라우 산에 도착한다. 차 밭을 따라 산길을 올라가면 산 중턱에 찬디 수쿠가 있다.

찬디 수쿠에서 발견된 비문은 1416년부터 1459년까지의 비문으로, 사원은 15세기 마자파힛 왕조 시대에 건립되었다고 한다. 하지만, 이 비문과는 달리 찬디 수쿠는 일반적인 사원과는 그 형태와 신상이 전혀 다르다. 따라서 비문은 이곳에 처음으로 사원을 세웠던 것을 전하는 게 아니라, 일부 힌두교 요소를 받아들여 사원이 새롭게 단장한 사실을 전하는 기록이다. 그것은 이 사원이 힌두문화 전래 이전부터 조상숭배 신앙과 결부한 성지였기 때문이다.

사원 영역은 입구를 서면으로 해서 동쪽을 향해서 서서히 높아져 간다. 전체 구조가 동쪽의 라우 산 정상을 향해서 제1테라스, 제2테라스, 제3테라스로, 경사지를 3단의 대지로 조성해서 가람을 배치하고 있다. 이러한 사원 배치는 라우 산

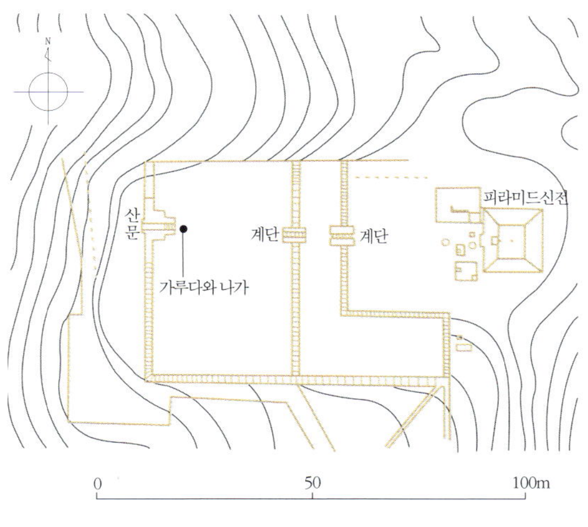



찬디 수쿠의 평면도

정상<sup>화산</sup>과 해가 뜨는 동쪽을 의식해서 만든 것이다. 제일 아래 제1테라스 서쪽에 성문과 같은 산문이 남아 있다. 일반적인 힌두 사원 문은 산을 두개로 잘라 놓은 형태로 찬디 수쿠 산문과는 매우 다르다. 석재의 가공과 부조 양식을 고려하면 비문에 전하는 15세기 건립 설은 타당하지 않다. 급한 계단을 올라 산문에 오르면 그 바닥에 관능적인 부조와 석상이 남아 있다. 산문 바닥에 음양석의 부조가 새겨져 있다. 3각형의 외형을 가진 여성 음부와 남성 성기가 정면으로 마주 보고 결합하려는 상태를 나타내고 있다.

산문<sup>기저 폭 12, 높이 8m</sup> 안쪽 외벽에도 여러 부조가 새겨져 있다. 부조는 크게 2 종류로 분류할 수 있는데, 일반적인 힌두교 사원에서 볼 수 있는 신상과 과대하게 강조한 성기를 노출한 원시 신상 등이 있다. 산문 출입구에는 위·아래턱이 있는

산문 (찬디 수쿠)

큰 카라가 새겨져 있다. 그 좌우 벽면에 한 쌍의 나가가 좌우로 엉켜있고, 가루다가 발톱으로 나가의 몸통을 쥐고 있다. 가루다의 얼굴 부분이 결손 했지만, 고부조로 조각되어 양감을 느낄 수 있다. 가루다 반인반조 신와 나가 용는 힌두교 신상이다. 그 밑에는 수문장으로 보이는 수호신의 부조가 조각되어 있는데, 모두 나상으로 매우 강조된 남성 심벌이 조각되어 있다. 일반적인 힌두교 사원에서 볼 수 없는 원시 석상에 가까운 양식이다. 힌두교 사원에서도 요니와 링가를 주신으로 안치하고 있지만, 이렇게 노골적으로 과대한 성기를 조상으로 표현한 사원은 자바에서도 극히 예외적이다.

가루다와 나가(찬디 수쿠)

음양석(찬디 수쿠)

석상(찬디 수쿠)

제1테라스는 폭 50×안쪽 길이 30m의 직사각형으로 조성한 대지이다. 현재 이렇다 할 석조 유구는 남아 있지 않다. 아마 목조 건조물이 있어, 여러 제례를 준비하는 공간이 있었을 가능성이 크다. 일반적으로 '외원'은 힌두교 사원에서 의례를 준비하는 공간으로 사용된다.

제2테라스는 제1테라스에서 L자형의 좁은 계단을 올라간 곳에 있다. 그 면적은 폭 35m, 길이 10m의 좁은 공간이다. 이 공간은 힌두교 사원에서는 신과 인간이 공존하는 공간으로 '자바 텡가' 중원라고 한다. 이러한 중원의 조성은 사원이 처음부터 힌두교의 우주관에 따라서 만들어지지 않았다는 것을 알려준다. 이와 같이 좁은 공간으로 힌두교 사원의 중원을 만든 것은 상식적으로 이해하기 어렵다. 따라서 찬디 수쿠는 힌두교 이전부터 신앙되었던 신전<sup>성지</sup> 위에 후대의 힌두교가 융합하여, 독특한 사원으로 변형했을 가능성이 크다.

제3테라스는 찬디 수쿠에서 가장 넓은 공간으로, 여러 석조 유구와 석상들이 여기 저지 배치되어 있다. 힌두교 사원에서는 사원 제일 안쪽에 있는 신들만의 공간을 '제로안'<sup>내원</sup>이라고 한다. 찬디 수쿠의 중심부는 이 내원이라고 할 수 있다. 하지만, 자바 섬의 일반적인 사원과 같은 형태의 석조 유구가 전혀 보이지 않는다.

제3테라스 전경(찬디 수쿠)

동서 중심 선상인 제3테라스 서쪽 끝에서 30m 안쪽의 주당에 해당하는 곳에 피라미드 신전이 세워져 있다. 이러한 피리미드 신전은 인도문화 이전의 인도네시아 토착 문화의 유산이다. 서부 자바에서는 5세기경 피라미드 신전 유적이 여러 곳에서 발견되었다. 남미 마야의 피라미드를 연상시키는 이 신전은 자바의 선사시대 거석문화를 전하는 유구이다. 이러한 피라미드 유구는 수장의 무덤이 점차 종교적으로 예배대상이 되어 사원으로 변천한 것이다.

피라미드 신전<sup>저변 15m, 높이 6m</sup>의 서쪽 중앙에서 정상으로 오르는 계단<sup>폭 0.8m, 12단</sup>이 만들어져 있다. 정상 부<sup>7×6m</sup>는 이집트 피라미드와는 달리 남미의 계단식 피라미

피라미드 신전(찬디 수쿠)

드와 같이 편평한 평면으로 되어 있다. 이 신전 석재를 유심히 살펴보면 하단, 중단, 상단의 석재 가공 상태가 다른 것을 한눈에 알 수 있다. 하단 밑 부분에는 거의 자연석에 가까운 석재로, 중간 부에는 거칠게 가공한 석재, 상단부에 가면 갈수록 정성스럽게 가공한 석재가 사용되었다. 계단과 정상부도 석재의 가공 상태로 보아 후대에 복원한 것이다. 석재 가공 기법으로 보아 이 피라미드 신전은 최소한 3번 이상 수리 복원이 있었던 것으로 생각한다.

원래 피라미드 상부가 어떠한 구조를 하고 있었는지는 알 수 없다. 힌두교가 전래한 후에 계단과 정상부가 새롭게 단장되어 중앙에 요니와 링가를 안치했다고 여겨지고 있다. 요니는 지금도 정상부에 남아 있지만, 높이 2m 가까운 링가는 자카르타의 국립인도네시아박물관에 소장되어 있다. 매우 사실적으로 조각된 링가로 귀두 밑에는 4개의 둥근 혹이 새겨져 있다. 이 링가는 시바신의 화신인

링가(찬디 수쿠, 국립인도네시아박물관)

마하데바를 나타내고 있다. 링가의 하단부에도 명문이 새겨져 15세기에 만들어진 것을 알 수 있다.

주당에 해당하는 피라미드 신전의 전면 주변에도 다양한 석조 유물들이 산재하고 있다. 본전을 향하여 왼쪽<sup>북쪽</sup>에 있는 석제 테라스<sup>동서12×남북8m, 높이 0.85m</sup> 위에 하나의 석재를 조각한 석판이 세워져 있다. 전체적으로 말굽 형으로 가공되었는데, 그 테두리의 형태를 '카라·마카라 장식의 변형', '나가<sup>용</sup> 설', '여성 성기 설'이 있다. 상부에 3면의 귀면인 카라 상을 부조하고, 하부 바깥쪽을 향하는 부분에는 마카라 상 대신에 새를 조각해 놓았다. 말굽 형 테두리 안의 상부에 비교적 크게

석제 테라스(찬디 수쿠)

첨탑의 석재 조형물(찬디 수쿠)

새겨진 두 사람의 부조가 새겨져 있다. 이 석판 부조를 인도네시아 고고학자들은 '여성의 성기'를 표현 한 것으로 보고 있다.

이 2명의 인물은 왼쪽이 '바라타·구루', 오른쪽이 '비마'라고 여겨지고 있다. 비마는 서사시 마하바라타에 나오는 판다바 족의 5 형제 중 제2 왕자로 악마를 물리치는 최강의 전사로 숭배되고 있다.

이 말굽 형의 석조가 인도 설화를 주제로 하는 것은 틀림없다. 하지만, 중요한 것은 부조 이야기가 전개되는 것은 말굽 형의 테두리 안이다. 이것은 여성의 자궁 안을 표현한 것이다. 바라타·구루와 비마의 조각 양식은 14~15세기 동부 자바기의 '와양 양식'과 유사하다. 인도 서사시를 자궁 안에서 전개시키는 발상은

말굽형 석판 조각(찬디 수쿠)

자바 적이다. 인물상 부조 밑에 나가[용]가 새겨져 있다. 나가 밑에는 2층의 고상식 목조 건물과 여자가 앉아서 두 손으로 개구리?를 들고 있다. 자궁 입구에서 2 사람이 개구리의 손과 팔을 잡고 서로 가지려고 싸우는 모습이다. 인도의 마하마라타에 나오지 않는 이야기이다. 부조 석판 뒤에 높이 3.5m의 첨탑이 쌓아올려져 그 2층 벽면에도 주제를 알 수 없는 건물과 인물 부조가 새겨져 있다.

본전 정면 앞에는 폭 2m의 큰 거북이 조각이 3개 남아 있다. 거북이 등이 평편하게 가공된 것으로 보아 대석으로 사용한 것 같다. 거북이는 힌두교 신화에 나오는 비슈누신의 화신[아바다라]이다. 동남아시아에 널리 알려진 인도 신화가 '유해교반'[乳海攪拌]이다.

'옛날 천상에는 신이 지상에는 마신이 살고 있었다. 세계의 멸망을 두려워한 브라마신은 신들과 마신들에게 호소하여 영원한 생명을 얻을 수 있는 암무루타에 도착했다. 브라마신은 상카 섬에 솟아 있는 만다라 산을 뽑아, 그 바닥에 비슈누신의 화신인 거북이가 누울 수 있는 큰 바다를 만들고, 그 위에 산이 떠오르지 않도록 인드라 신을 앉혔다. 그리고 나서 신이 바스키 신의 화신인 나가[용]의 꼬리를, 마신이 나가의 머리를 끌어 당겼다. 웅 웅 하는 소리와 함께 바다는 젖으로 변하고, 그 안에서 달과 대지의 여신이 태어나고 마지막으로 성수가 생겼다.'는 이야기이다 .

앙코르·와트에도 '유해교반'의 신화를 새긴 훌륭한 부조가 남아 있다. 거북이가 우주를 떠받치고, 신과 마신이 양쪽에서 나가의 몸통을 잡고 줄다리기를 하는 장면이 생생하게 표현되어 있다. 우리나라 민속 줄다리기와 금줄은 도작문화와 관련해서 동남아시아와 공통하는 문화요소이다.

본전 북쪽 테라스의 벽면에 부조가 일부 남아 있다. 상부에 1440년의 명문과 고대 자바 문학의 '수다마라 이야기' 장면을 묘사한 부조가 있다. 주인공 수다마라는 본래 고대인도《마하바라타 이야기》에 나오는 '판다바 족'의 5 왕자 중 하나인 사하데바이다. 이야기는 시바신이 사는 천계에서 시작한다.

'시바신은 부인인 우마가 불의 신과 부정을 저지른 것을 알고 저주한다. 우마는 남편인 시바신에 의해 저주받아 추악한 두르가의 모습이 된다. 시바신은 언젠가 판다바 족의 사하데바 왕자를 만나면 저주가 풀려 원래의 아름다운 모습을 되찾을 수 있을 것이라고 전하며, 우마를 시신이 썩어서 냄새나는 지옥으로 추방한다. 한편, 지상에서는 왕자들이 괴물에게 괴롭힘을 당하자 왕자 어머니 쿤티는 신의 가호를 청하다가 두르가를 만나게 된다. 두르가는 자신의 저주를 풀기 위해서 사하데바를 제물로 바칠 것을 요구한다. 쿤티가 이를 거절하자 두르가는 쿤티로 변신하여 사하데바를 붙잡아 나무에 묶어놓고 자신의 저주를 풀어줄 것을 요구한다. 이러한 정황을 안 시바신이 사하데바로 변신하여, 두르가의 저주를 풀어주자 우마는 원래의 아름다움을 되찾는다.'

수다마라 이야기는 1388년에 건립한 찬디 티고완기의 벽면에도 부조되어 있는데, 양자의 표현 양식은 현저하게 다르다. 보로부두르와 찬디 로로종그랑 부조는 인도 영향을 받은 고부조로 사실적이며 양감이 있다. 동부 자바의 부조는 얇고, 현저하게 자바 풍으로 양식화한 표현이다. 자바 풍의 부조는 '와양 양식'으로, 그 기원은 '와양 쿨릿'그림자극과 밀접한 관계가 있다. 와양 양식은 획일하게 양식화한 수법으로 인물을 묘사하고, 그 구성과 색깔도 매우 한정되어 있다. 그림자극 자체가 힌두교 신화를 테마로 하고 있기 때문에 와양 양식이라는 전통 회화는

와양 양식의 부조(찬디 수쿠)

사하데바와 비마가 나찰과 싸우는 장면(찬디 수쿠)

그림자극에 종속한 그림이다. 인물의 식별이 소지품에 의해서 정해져 있는 점, 얼굴은 항상 옆에서 본 각도로 표현하는 점 등은 와양 쿨릿 인형극이 사원의 부

두르가가 사하데바를 나무에 묶는 장면(찬디 수쿠)

조에도 영향을 끼친다. 찬디 수쿠의 부조는 중부에서 동부로 이행하는 '이행기 양식'이라 할 수 있다.

신전 정면 남쪽에 '찬디 페르와라'라는 소형 사당이 남아 있다. 기단과 옥개는 완전히 유실되어 현재 높이 2.3m, 정방형 2m의 당사가 남아 있다. 찬디 수쿠 안에서 현재 남아 있는 유구 가운데 가장 힌두교적인 건축이다. 서쪽 정면에 계단의 흔적이 남아 있고 산문을 고려하면 입구에 카라·마카라 장식이 있었을 가능성도 있다. 입구 오른쪽에 기둥 장식 부조가 남아 있다. 폭이 좁고 안쪽이 깊은 사당 안에 주제를 알 수 없는 석상이 안치되어 있다. 당사의 벽면에는 상하 2층으로 와양 양식의 부조가 새겨져 있다. 본전인 피라미드 신전에 일체의 장식 조각이 없는 것과는 대조적이다. 남쪽에도 작은 사당의 기단 넓이 6×5m, 높이 1m으로 추정되는 석조 유구가 있고, 그 동남쪽 구석에 높이 4m의 첨탑이 있다. 첨탑 표면에는 양손에 삼지창을 들고 있는 시바신이 새겨져 있다.

내원의 가장 남쪽 끝에는 기단 위에 칼을

시바신(찬디 수쿠)

대장간 작업장 풍경

만드는 대장간의 작업장 풍경을 새기고 있는 부조<sup>높이 1.6m</sup>가 있다. 원래 있었던 장소는 알 수 없지만 건축 벽면에 새겨진 부조의 일부로 여겨진다. 나무판자로 지붕을 얹은 건물 아래에 3명의 인물이 칼을 만들고 있다. 전방 좌우 두개의 기둥으로 보아 사방을 개방한 벽이 없는 건물이다. 오른쪽 인물은 서서 풀무질을 하고, 왼쪽 끝의 인물은 앉아서 왼손으로 칼을 단련하는 잡업을 하고 있다. 왼쪽 인물의 주변 벽에는 이미 완성된 칼과 각종의 연장들이 걸려 있다. 일반적인 대장간이라면 중간에 있는 인물은 큰 망치를 들고 칼을 단련하는 모습으로 묘사되어야 하는데, 이 인물상은 사람이 아니라 코끼리 얼굴을 한 '가네샤상'이 조각되어 있다. 가네샤는 4비<sup>4개의 팔</sup> 또는 2비의 모습을 하는 힌두교 '지혜의 신'이다. 자바와 발리에서 대장장이는 무기와 연장을 만드는 역할만하는 것이 아니라, 영혼을 관장하는 종교적인 역할자<sup>무당</sup>이기도 하다. 자바의 비대칭형의 검인 '크리스'는 무기이면서도 영적인 힘을 가지고 있다고 여겨지고 있다.

신전 앞에 세워진 2구의 가루다상에도 명문이 새겨져 있다. 1441년과 1442년의 연대가 새겨져 있다. 자바에는 예로부터 '사카 기원'이라고 하는 고유의 연대를 사용하여 비문에 쓰여 있다. 서기보다 78년이 늦은 해를 원년으로 하는 자바 기원을 '사카력'이라고 한다. 사카력은 달의 차고지는 것에 의해서 29일 혹은 30일을 1개월로 해서 354일, 355일, 356일이 1년이 된다. 태양력과는 9일 또는 11

가루다 상

일 차이가 난다. 사원 안에서 발견한 가장 오래된 명문은 산문 벽에 새겨진 사카력 1359년[1337년]이다. 그다음으로 신전 앞 북쪽 테라스에서 발견한 사카력 1361년[1339년]의 명문이 있다. 이러한 연대는 찬디 수쿠의 창건 연대를 가리키는 것이 아니라, 힌두교 사원과 힌두교 조상이 만들어진 시기를 적어놓은 것에 지나지 않는다.

## 찬디 체토

찬디 수쿠에서 찬디 체토로 가는 길은 라우 산의 표고 700m 부근 분기점에서 급한 오르막길을 7km 북쪽으로 올라가면 된다. 1980년대 후반만 해도 족자카르타의 운전수들이 고개를 설레설레 흔들 정도로 험한 악로였다. 라우 산의 산악지대에 사는 사람들은 비교적 최근까지 외부문화의 영향을 그다지 받지 않고 살았다. 자바인의 90% 이상이 이슬람교도임에도 불구하고 현재도 대부분의 원주민은 힌두교도이다.

네덜란드 식민지시대부터 라우 산이 차밭으로 개간 되면서, 주민은 외부와 빈번하게 접촉하게 된다. 찬디 수쿠와 찬디 체토는 차밭에서 일하는 사람과 수확한 차를 실어 나르기 위해서 비교적 일찍부터 도로가 만들어졌다. 차량이 다닐 정도로 교통이 편리해지면서 찬디 체토는 호기심 많은 구미인에게 '신비한 성기

찬디 체토

숭배 사원'으로 알려져 관광객들이 찾아오기 시작한다. 최근에는 발리 섬에 사는 힌두교 신자들이 자바 힌두교의 사원 성지 순례코스로 인기를 모아 많은 힌두교도들이 찾아온다.

찬디 체토는 1842년 네덜란드인 반 델 비리스가 처음으로 보고 했다. 그 후 1928년 크롬N.J. Krom과 켐페르스A.J. Bernet Kempers의 발굴 조사에서 산등성이를 깎아서 14개의 테라스를 조성하여 사원을 만든 것이 밝혀졌다. 현재 동쪽에서 서쪽의 산 정상을 향해서 13개의 테라스가 복원·정비되어 있다. 이 13개의 테라스는 중간에 사람이 겨우 지나갈 수 있을 정도의 좁은 길이 나 있다.

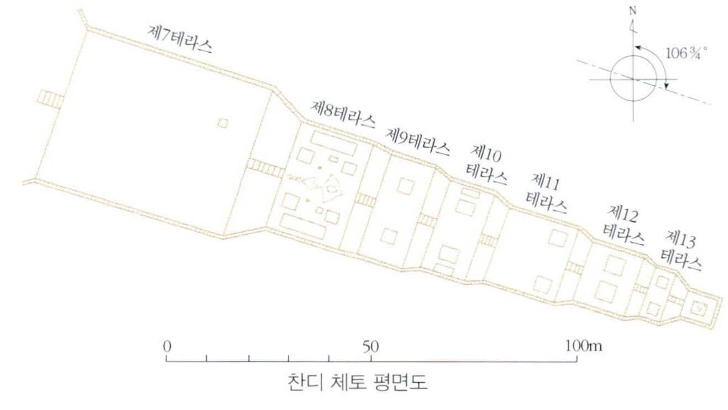



찬디 체토 평면도

원시 석상과 찬디 브타르(찬디 체토)

찬디 체토에 도착하면 방문객을 처음 맞이하는 것이 기괴한 모습을 한 석상들이다. 자바 섬이나 발리 섬의 사원에 세워진 수호신상과는 달리 훨씬 토착적인 요소가 강하다. 인도네시아 각지에서 볼 수 있는 조상숭배와 관련되는 원시석상과 양식적으로 유사하다. 일부 석상 중에는 14~15세기 양식을 나타내는 것도 있지만, 이 석상들조차도 일반적인 힌두신상의 모습이 아니다. 찬디 체토는 찬디 수쿠가 건립된 후 1479년에 세워졌다고 전해지고 있지만, 이러한 사원의 역사는 힌두교 전래를 전하는 것으로 원래의 사원은 선시시대까지 거슬러 올라간다.

급한 계단 위에는 '찬디 브타르'라고 하는 활문산을 양쪽으로 갈라놓은 것 같은 형태의 문이 마치 하늘 위에 떠 있는 것 같다. 이 활문은 발리의 힌두교 사원에서 일반적으로 볼 수 있는 것으로, 자바 섬에는 그다지 없다. 또한, 찬디 체토 자체도 발리의 고식 사원과 아주 유사하다. 우선 가람이 전원, 중원, 내원후원의 3개 구획으로 구성되어 있어, 그 평면 구조가 유사하다. 이러한 고식 사원은 발리 아가 마을에서도 볼 수 있다. 발리의 원초적인 사원에는 동 인도네시아 제도와 폴리네시아의 제당 아후와 유사점이 많고, 자바와 발리의 기층문화는 동 인도네시아를 포함하여 오세아니아의 애니미즘과 깊은 관계가 있다. 이러한 원시적인 사원으로 출발하여, 그 후 서서히 규모가 큰 사원으로 증축하여, 마지막으로 힌두교 요소가 더해진다.

하지만, 발리의 오래된 힌두교 사원의 원형은 중부 자바나 동부 자바 힌두교 사원에서 그다지 찾아 볼 수 없다. 그것은 발리 힌두교 문화가 인도의 힌두교 문화 혹은 자바 힌두교 문화를 그대로 받아들인 것이 아니라, 발리의 기층문화인 조상숭배와 애니미즘을 토대로하여 외래 문화를 수용한 것을 알려준다. 이러한 발리 문화 혹은 발리 힌두교 사원의 원형은 평지에 있는 사원보다는 찬디 체토와 찬디 수쿠와 같은 산악지대의 사원과 유사점이 많다. 실제로 이러한 경사진 산 성지에 신전신당을 만드는 풍습은 자바 섬과 발리 섬의 선사시대 유적의 발굴 조사에서도 입증되었다.

찬디 체토에서 자바인의 선사시대 문화의 채취는 신전과 신상뿐만 아니라, '석재 모자이크 지상화'와 '목조의 고상 건축'에서 강하게 감지할 수 있다. 제2테라스의 동서에 석재 기단 위에 목조 사당이 있었는데 현재 남쪽 사당만이 복원되어 있다. 제3테라스에 이르면 자바 섬에서 볼 수 없는 돌로 만든 모자이크의 지상화가 있다.

지상화(찬디 체토)

　나스카의 지상화가 세계적으로 유명한데, 인도네시아에서 지상화가 발견된 예는 찬디 체토뿐이다. 2번째 할문을 지난 대지 위의 제일 앞부분에 가공한 석재 링가를 입구<sup>서향</sup>를 향하여 지면에 설치해 놓았다. 링가의 귀두에는 4개의 원형 혹 <sup>1개는 지면에 묻혀있다</sup>이 새겨져 있다. 이 링가 귀두 부분의 혹은 찬디 수쿠 피리미드 신전 위에 세워진 링가와 같은 형태이다. 귀두 밑 사방에 새겨진 혹은 라우 산의 산봉우리를 상징한다.

　링가 뒤에는 돌을 깔아서 삼각형의 지상화를 그려 놓았다. 이것은 요니를 나타낸 것이다. 링가에 계속되어서 정 3각형으로 돌을 깔아놓았는데 잘 보면 이것은 여성 성기를 교묘하게 표현하고 있다. 찬디 수쿠 산문 바닥에 새겨진 음양석도 같은 도식으로 체토 사원에서도 같은 형태로 전개하고 있다. 또 이 3각형 모자이크는 동시에 다양한 동물 문양으로 구성되어 있다. 개구리, 게 도마뱀, 뱀장어의 부조는 자바 고대인이 남긴 메시지임에 틀림없지만, 그 정확한 의미는 알 수 없다. 이들 앞부분의 지상화를 '링가'와 '요니'라고 부르는 것 보다는 '음양석'이라 하는 것이 정확하다. 일반적으로 찬디 체토를 시바교의 '삭티<sup>성력</sup>숭배 사원'이라고 하는데, 정확하게 말하면 선사시대 성기숭배의 성지에 힌두교가 혼합한 사원이다.

개구리와 태양문(동손 동고)

3각형 모자이크에 계속해서 태양을 본뜬 것 같은 원형의 석판 3개가 동서로 놓여 있다. 하나의 석재를 원판으로 가공하여 그 상면에 해바라기 같은 문양을 정교하게 새겨놓았는데 이 부조는 마자파힛 왕조의 국장 혹은 태양의 상징으로 여겨지고 있다. 그러나 이러한 태양문과 개구리 문양은 '동손 청동기'에서도 볼 수 있다. 도작 농경사회에 있어서 '태양'과 '비'(개구리가 울면 비가 온다)는 중요한 요소로, 이들 석판은 동손 청동기 '북면'을 상징적으로 표현한 것으로 생각한다.

음양석의 지상화에 이어서 날개를 활짝 편 거대한 새(박쥐?)를 석재를 모아 묘사하고 있는데, 그 위에는 큰 거북이 1마리를 올려놓았다. 새와 거북이의 외각에는 가공된 석재를 사용하였는데, 안쪽 석재는 편평한 자연석에 가깝다. 거북이 정면에 치켜든 귀두가 정교하게 가공되어 있다. 금관가야의 신화를 연상시키는 조형이다. 원래 거북이 등의 중앙에는 링가가 세워져 있었다고 하는데, 지금은 유실되어 그 행방을 알 수 없다.

음양석, 태양, 거북이의 지상화는 어느 정도 그 의미를 유추할 수 있지만, 거북이가 타고 있는 새는 어떤 의미가 담아져 있는 것일까? 동남아시아에서 발견된 새 문양은 크게 '곡물의 씨앗을 나르는 의미'와 '조상의 영혼을 내세에 나르는 의미'로 해석되고 있다. 음양석으로 시작하는 이 큰 지상 그림이 문자 대신에 무엇인가를 표현하고 있다면, 그것을 풀어헤치는 방법은 없는 것일까? 이 지상화를 천지창조의 신화라고 보는 견해도 있다. 인도네시아에서 유일하게 발견된 이 지상화는 지금도 많은 수수께끼가 남아 있다.

이 지상화는 물론 사원 전체가 라우 산의 잦은 화산 폭발과 지진 등의 재해로 심하게 파손한 것을 1970년대에 수리 복원한다. 이 복원 작업은 고고학적

고상식 사당과 지상식 사당

지식이 전혀 없는 사람들이 말 그대로 '공사'해서, 목조의 사당 건물을 제외하고는 원형이 많이 훼손되었다고 한다. 지상화 뒤에도 산등성이를 깎아서 조성한 사당 터에 복원한 사당들이 라우 산 정상을 따라서 계속된다. 찬디 체토 내원에 해당하는 가장 높은 쪽의 테라스는 비교적 정연하게 복원되어 있다. 내원에는 초가지붕의 고상식 사당과 나무판자로 지붕을 한 지상식 사당의 목조 건물이 있다.

찬디 체토 사당 건축의 특징은 경사지를 평지로 조성한 후 석재로 기단을 쌓고 그 위에 목조 사당을 세운 것에 있다. 자바 섬의 다른 사원유적에서 볼 수 있는 석재 건축이 전혀 눈에 띄지 않는다. 목조 건축에서 석조 건축으로 이행해 가는 동남아시아 사원 건축의 역사는 그 기원지인 인도에서도 동일하다. 자바 섬의 사원은 우선 목조 건축으로 시작하여 차차 내구 재료를 사용한 석조 건축으로 이행해 간다. 인도나 스리랑카에 볼 수 있는 불탑은 물론 우리나라의 정림사지 석탑과 미륵사지 석탑은 나무대신 돌로 바꿔 놓은 목조 공법을 그대로 세부까지 채용한 것이다. 따라서 찬디 체토 사당은 자바 섬의 가장 원초적인 사원 건축 형태를 전해 주고 있다.

현재 복원된 사당은 지상식 건물과 고상식 건물로 나눌 수 있다. 발리의 힌두교 문화를 가지고 있는 일반적인 마을에서도 양자는 혼자하고 있다. 지상식인 발레이라고 하는 직사각형의 벽이 없는 가옥4, 6개의 기둥에 지붕이 있고 벽이 없는 건물은 나무판자로 지붕을 만들었다. 이 같은 나무판자 지붕은 동부 자바 사원 부조에서도 자주 볼 수 있는 것으로 오래된 건축 양식을 전하고 있다.

2동의 고상식 목조 건축은 인도네시아를 포함하는 동남아시아 민가쌀 창고를 포함와 사당 건축의 특징이다. 사토 고지 교수국립민족학박물관의 연구에 따르면 자바나

고상가옥(구기단, 보로부두르)

피라미드 신전(찬디 체토)

발리는 역사적으로 고상식 가옥이 일반적이었다고 한다. 원래 고상식 주거는 수상이나 습지에서 습기를 막고 또는 맹수나 해충으로부터 몸을 지키기 위해서 생겨난 가옥이다. 보로부두르, 프람바난, 동부 자바의 사원 부조에 새겨진 주거는 거의 다 고상 가옥이다.

고상식 사당 안에는 석상과 석조 링가가 안치되어 있다. 일반적으로 힌두교 사원 가장 안쪽에는 석조 사당을 본전으로 하는데, 찬디 체토는 내부 공간이 없는 피라미드이다. 이집트 피라미드를 정상에서 3분에 1을 잘라놓은 형상이다. 정상에 오르는 층계가 정면에 있고 상부 평면 중앙에 사각형 굴뚝과 같은 형태의 첨

석상(찬디 체토)

링가(찬디 체토)

고상식 곡창(알로르 섬)

탑이 만들어져 있다. 높이 3m의 첨탑은 석재 크기와 석재로 보아 본전인 피라미드와는 달리 최근에 신축한 것이다. 원래 이 피라미드 신전의 정상에는 남근석을 안치한 고상식 목조 사당이 있었다고 한다. 원래 있었던 남근석은 신전 앞의 사당 안에 안치되어 있다. 목제 건축의 잦은 보수 때문에 석재 탑을 쌓고 새롭게 잘 만들어진 석재 링가를 그 정상 중앙에 안치해 놓은 것이다.

찬디 체토 피라미드 신전의 원초적인 모습은 서부 자바 선사시대의 신전 유적과 같이 자연석으로 쌓아올린 소박한 피라미드 위에 입석이 세워져 있었던 것이다. 그 후 힌두교의 전래 이후에도 소위 자바·힌두교에 사람들은 토착 신앙을 유지하면서 외래문화를 접목 시킨 것이다.

자바에 이슬람교가 전래하면서 종래의 힌두교 문화는 깊은 산속 오지에서만 명맥을 이어간다. 이슬람교는 우상을 숭배하지 않지만, 자바의 이슬람교 안에는 토착신앙의 요소가 적지 않게 남아 있다. 자바 섬에 남아 있는 많은 사원은 더 이상 자바인이 신앙하는 대상이 아니라 선조가 남긴 유적지의 역할만 남는다. 현재 자바인의 99% 이상이 이슬람교도이다. 시대에 따라서 종교가 바뀌었지만, 그래도 자바인의 마음속에는 조상숭배 사상이 깊게 깔려 있다. 지금도 찬디 체토와 찬디 수쿠는 이슬람교도의 젊은 연인들이 사랑을 맹세하고, 아기를 못 낳는 부부들의 발길이 끊이지 않고 있다.

목욕장과 3층탑(찬디 체토)

찬디 체토 뒷산에는 용천수가 흘러나오는 목욕 시설과 자바에서는 보기 드문 3층 목조탑이 세워져 있다. 3층탑 상륜에 하늘을 향해 우뚝 치솟은 링가가 안치되어 있다. 찬디 체토의 원초적인 신앙 형태를 알려 주는 중요한 유적이다. 용천수 흘러나오는 곳에 사원을 세운 예는 자바나 발리의 각지에서 볼 수 있다.

자바의 힌두교는 토착 신앙인 애니미즘, 불교가 복잡하게 얽힌 독자적인 종교이다. 따라서 이들 사원 안에는 다양한 신이 존재하고, 이러한 다양한 신조상 신을 제사 지내기 위해서 도처에 사당이 세워졌다. 자바 사원은 인간과 신이 만나는 가장 신성한 장소이다. 따라서 사원 형태도 다양하지만, 어느 사원이든 경내를 둘러싸는 울타리가 중요한 의미를 차지하고, 그 안에 각종의 사당이 세워진다.

찬디 체토와 찬디 수쿠는 단순하게 인도의 영향만으로 성립한 것이 아니라는 점은 이미 필자가 충분히 설명했다고 생각한다. 결론적으로 말하면 자바인 토착의 조상숭배, 성기숭배, 산악숭배, 성수숭배, 태양숭배가 서로 복잡하게 얽혀서 15세기에 전래한 힌두교와 융합한 것이 찬디 체토와 찬디 수쿠라고 할 수 있다.

인도문화권에는 많은 요니와 링가가 만들어졌다. 찬디 체토의 요니와 링가는 자연적인 음양석이 아니라 고도의 인도 종교미술의 산물이라는 지적이 있다. 하지만, 이 사원의 요니와 링가는 인도인이 만들어서 인도인들이 신앙한 인도의 힌두교 사원에 안치한 것이 아니다. 찬디 수쿠와 찬디 체토에서 자바인의 독자성을 인정하지 않으면 안 되고, 이러한 독자성의 이해야말로 진정한 자바 문화를 이해할 수 있는 지름길이다.

# IX. 동부 자바의 사원과 유적

## 동부 자바기의 사원

중부 자바의 사원과 미술은 인도의 영향을 짙게 받았지만 10세기가 되면서 정치와 문화의 중심이 동부 자바로 옮기게 된다. 천도에 따라서 동부의 '부란타스 강' 유역을 중심으로 새로운 문화가 꽃피게 된다. 중부 자바기 종말로 이어지는 10세기 전반부터 15세기 중반까지 약 500년간을 동부 자바기라고 한다.

자바 역사의 흐름에 따라서 동부 자바기는 4기로 나눌 수 있다.

제1기는 중부 자바에서 동부 자바로 이동이 있었던 10세기 전반930년?부터 1042년까지의 '무당 카무란 왕조기'이다.

제2기는 신독 왕 재위기929~948년부터 1222년 싱고사리 왕조 성립까지의 '크디리 왕조기'이다.

제3기는 싱고사리 왕조가 성립한 1222년에서 멸망하는 1292년까지의 '싱고사리 왕조기'이다.

제4기는 싱고사리 왕조의 멸망과 함께 등장한 마자파힛 왕조 성립의 13세기 말부터 왕조가 멸망하는 16세기 초기까지를 '마자파힛 왕조기'로 분류할 수 있다.

각 왕조에 속하는 유적의 소재지는 상당히 넓은 지역에 분산되어 있어서 와탕 마스<sup>부란타스 강 하구</sup>, 크디리 시, 브리타르 시, 말랑 시를 거점으로 하고 있다.

동부 자바의 중요한 해항인 수라바야 서남쪽 일대에는 화산도인 자바 내에서도 특히 대소의 화산이 군집해 있다. 이 화산군의 중심 부근에서 근원을 발하는 부란타스 강이 말랑, 브리타르, 크디리, 와탕 마스를 흘러서 오른쪽으로 화산 주위를 일주 하여 수라바야 남동쪽 바다로 흘러간다. 동부 자바의 왕도는 부란타스 강을 따라서 세워진다.

이러한 왕도는 자바의 풍수 지리학적으로 해석할 수 있다. 이 화산군을 사원의 당사와 옥개로 보면 그 주변을 흐르는 푸란타스 강은 '푸라다쿠시나'<sup>사원을 오른쪽으로 순례하는 습속</sup>라고 하는 회랑으로 볼 수 있다. 산과 강의 형세는 자연이 조영한 대사원이라고 할 수 있다. 동부 자바기의 많은 사원은 이 화산군 안에서 오른쪽으로 돌면서 흐르는 부란타스 강 유역 일대에 밀집해 있다.

또 화산군 안에서도 그 북부에 있는 페낭궁간 산<sup>1,653m</sup>은 예로부터 자바인의 성산으로 다채로운 신화와 결부되어 있다. 이 산은 원추형 정상을 둘러싸고 한단 낮은 곳에 4개의 작은 산봉우리가 있고, 그 바깥쪽에 더 낮은 곳에 4개의 산봉우리가 둘러싸고 있다.

힌두교에서 신이 사는 '마하메루'도 4단에서 8단으로 되는 낮은 봉우리에 둘러싸어 있는 것으로 여겨지고 있다. 자바 사람들은 페낭궁간 산을 마하메루로 믿고 신앙해 왔다. 신이 마하메루를 자바에 날라 오는 도중 상부가 깨져서 떨어진 것이 페낭궁간 산으로 그 나머지 부분이 동남쪽 60km에 있는 자바 최고봉 구눙수메르<sup>3,678m</sup>라고 믿고 있다.

동부 자바기 초기 사원 군은 페낭궁간 산속에 남아 있다. 그리고 최후의 종말기 유구도 이들 화산군의 산속에서 발견된다. 동부 자바기의 사원과 유적은 성산 페낭궁간에 탄생하여 소멸한다고 해도 과언이 아니다. 1935년에서 1940년에 걸친 조사 결과 페낭궁간의 해발 750~1,500m 사면에 81군데의 사원유적이 발견되었다. 이들 사원의 창건 연대는 977~1511년이다.

한편, 동부 자바에는 이미 샤일렌드라 왕국 시대부터 그 문화의 영향이 미치고 있었다. 929년 마타람 왕국의 권신 '엄푸 센독'이 이주해 와서 무당 카무란 왕조를 세우고, 그로부터 동부 자바가 인도네시아 제도의 중심지가 된다. '센독 왕'<sup>재위 929~948년</sup>의 근거지는 와탕 마스로 추정되고 있다. 그는 이곳을 거점으로 해서 스리위자야 왕국에서 내항하는 상선과 교역을 했다. 하지만, 동부 자바는 지리적으로 인도와 중국의 무역 항로에서 벗어나 있기 때문에 그 만큼 인도의 영향을 덜 받게 된다. 센독 왕으로 시작하는 동부 자바 문화의 특징은 대승불교, 시바교와 함께 토착적인 요소가 현저하게 나타난다. 이것은 라마야나와 마하바라타가 자바어로 번역되어, 소위 '힌두·자바 문화'의 형성이 시작된다. 동부 자바 사원의 석상과 부조에서 자바화한 양식을 감지할 수 있다. 불교가 힌두교에 흡수 융합한 것도 이 시대이다.

와양 양식(찬디 파나타랑)

중부 자바기의 조형 미술은 인도 영향을 비교적 강하게 반영한 것이다. 일부 일본인 학자들은 중부 자바의 조형 미술을 '민족 고유의 요소는 대부분 자취를 찾아볼 수 없다'고 평하지만, 중부 자바기의 조형 마술이 결코 인도문화의 모방뿐만이 아니라는 점은 이제까지 각장에서 필자가 충분히 역설했다고 생각한다.

동부 자바기가 되면 더욱더 고유의 자바 토착 문화가 인도 전래 문화의 자취를 찾아볼 수 없을 만큼 새롭게 등장한다. 즉 인도문화는 점차로 내적·정신적 방향을 지향하며, 자바 문화가 재창조하여 새롭게 꽃을 핀다. 이 시대는 자바 전통문화가 극히 자연스럽게 소생하여 그것이 점차로 강조되어 간다.

이러한 민족적인 사조는 소위 '자바화' 혹은 '자바 양식'이라고 하여 예술은 한층 자바다움을 느끼게 한다. 미술뿐만 아니라 문학에서도 같은 현상이 일어났다. 예전에는 인도에서 직접 전해진 산스크리트어 문학이 자바어로 직역되었지만, 시간이 지나가면서 점차 자바 독자적인 이야기로 다시 개작된다. 자바인은 동부 자바의 문학과 조형 예술을 인도적인 흔적을 찾아 볼 수 없을 만큼 완전히 '자바화'하여 새로운 문화를 탄생시킨다.

《아르주나·비바하》, 《크리슈나야나》가 그 대표적인 문학 작품으로 자바에서 재창조 한 이야기이다. 아이르랑가 왕<sup>에를랑가 왕, 1019~1049년</sup> 시대의 궁정시인 '무푸 간와'가 희극《아르주나·비바하》를 편찬한다. 마하바라타 제3편 숲의 서를 제재로 하여 아이르랑가 왕을 인드라 신의 아들인 아르주나로 대체하여 악마와의 싸움에서 승리하여 천녀와 결혼한다는 내용이다.

이 이야기가 부조로 새겨지는데 그 조각은 자바만의 독특한 향기가 나는 표현이다. 이야기의 전개와 구성, 등장인물 등도 자바의 독자성을 읽어낼 수 있다. 현재도 아이르랑가 왕을 주제로 한《아르주나·비바하》의 '와양·오랑'<sup>사람이 출연하는 연극</sup>은 족자카르타나 솔로 왕궁에서 공연하고 있다.

자바의 궁중무용

동부 자바기 사원은 중부 자바기보다 규모가 작다. 또 불교가 힌두교에 흡수되어 사원의 조상 양식도 중부 자바기와는 완연히 다르다. 인도 미술의 모방적 표현이 없어지고, 자바 독자적 요소가 농후해 진다. 예를 들면 부조가 와양 인형을 연상시키는 모양으로 화면은 공백을 남기지 않고 인물과 배경으로 가득 채워져 있다.

사원 건축도 인도적인 조영에서 점차 '자바화'해 간다. 또 한편으로 힌두교와 불교의 융합이 한층 진행하여, 종말기에는 불교가 힌두교에 흡수 통일하여 하나가 된다. 이러한 동부 자바기의 예술은 친숙한 소박함을 느끼게 한다. 중부 자바기의 조형예술에 있었던 강한 약동감과 위압감은 자취를 감춘다. 15세기 중반이 되면서 힌두교와 불교는 일부 산악지대를 제외하고 이슬람 세력에 밀려 종말을 고 한다. 이러한 시대적인 흐름과 함께 조형도 변천해 가는데, 대략 동부 자바기 사원의 표준적인 특징은 다음과 같다.

중부 자바의 사원은 높이에 비해서 폭이 강조되어 한층 늘씬한 안정미를 과시한다. 동부 자바의 사원은 건축적으로 기단, 당사, 옥개 부분이 중첩하여 이루어져 있다. 또한, 기단은 2층 이상으로 높이를 더하고, 당사의 입방체 구성도 6면체에 가깝다. 옥개도 층계 사이가 확실하게 구분되지 않는 첨탑으로 변화한다. 수평선을 작게 분할하여 장식적 요소가 더해진다. 이러한 건축적 조형의 차이를 보면 찬디 로로 종그랑은 중부 자바기에서 동부 자바기로 이행하는 '이행기의 사원'이라 할 수 있다.

사원 건축 재료로는 중부 자바가 안산암 석재를 주로 사용한 것에 비해서 동부 자바기에는 '벽돌'<sup>테라코타</sup>을 많이 사용한다. 테라코타 벽돌은 주로 사원의 내장

찬디 게토스(1389년)

제로 사용하고, 일부 사원에서는 안산암 석재로 외면을 마무리로 치장하는 곳도 있다. 마자파힛 왕조의 수도였던 '트로우란' 근방의 유구에는 일정한 크기의 벽돌만을 쌓은 유적도 있다. 독특한 빨간 벽돌 <sup>마자파힛 벽돌이라고 부른다</sup> 색이 아름다운 건축은 동부 자바에서 성행하여, 그 후 발리 사원 건축에 영향을 끼친다. 구조적으로는 중부 이래의 누적 구조를 답습하고 있다.

### 찬디 바둣 과 찬디 송고리티

중부 자바기는 족자카르타 주변에서 가장 활발한 조형 예술 활동이 있었던 7세기 후반~10세기 전반을 가리킨다. 이 시기에 중부 자바에서 멀리 떨어진 곳에서도 사원이 건립된다. 수마트라와 발리에서도 사원은 조영되지만, 이 시기에 세워진 사원을 크게 중부 자바기 사원으로 분류해도 무방하다. 같은 자바 섬에도 지역적으로는 서부 자바 혹은 동부 자바에 있지만, 사원 형태와 건립 시기가 비슷하면 중부 자바기의 사원으로 취급해야한다.

동부 자바에 남아 있는 중부 자바기의 사원은 '찬디 바둣'과 '찬디 송고리티'가 있다. 말랑 서북 '디노야'에서 760년 명이 있는 비문이 발견되어 8세기부터 중부 자바 문화의 영향을 받았던 것이 알려져 있다. 또한, 같은 시기에 발리 섬 각지에서 많은 비문이 발견되어 힌두교가 성행했던 것을 알 수 있다.

찬디 바듯

찬디 바듯은 말랑현 바듯 마을의 카위 산<sup>508m</sup> 밑에 있다. 사원이 있는 바듯 마을은 동<sup>수메르 산</sup>, 서<sup>아르주노 산</sup>, 남<sup>카위 산</sup>, 북<sup>통사루 산</sup>이 화산으로 둘러싸인 분지 안에 있다. 이곳에 사원이 세워진 것은 화산과 무관하지 않다. 즉 인도네시아의 많은 신전과 사원은 화산 폭발이라는 자연 재해와 깊은 관련이 있기 때문이다.

찬디 바듯은 1921년 붕괴한 상태로 발견되어 1925~26년 네덜란드 고고학자 데 호안, 1993년 동부 자바 주가 현재와 같이 복원 정비하였다. 발견 당시부터 옥개와 당사가 원형을 알 수 없을 정도로 붕괴하여, 지금도 옥개와 전실을 복원하지 못하고 있다.

두르가 상(찬디 바듯)

안산암의 석재를 사용하여 기단<sup>17.27×14.04m</sup> 위에 방형 당사<sup>현재 높이 8m</sup>를 세웠다. 기단은 전체적으로 안정감이 있고, 입구는 서쪽을 향하고 있다. 카라·마카라 장식도 동부 자바기의 익살스러운 민예적인 표현이 아니라, 중부 자바기와 형태가 유사하다. 남쪽 계단 날개벽에는 '킨나리'<sup>반신 바조의 음악신: 여성</sup>와 '킨나라'<sup>반신 바조의 음악신: 남성</sup> 부조가 새겨져 있다. 북쪽 날

찬디 송고리티

개벽에는 공작새의 부조 일부가 남아 있다. 삼면의 당사 벽에도 카라·마카라 장식이 있고, 북면 감실에 두르가 상, 남면 감실에 아가스티야 상이 안치되어 있다. 동면 감실의 가네샤 상, 출입구 좌우 감실의 '마하카라'와 '나디스와라' 상은 현재 남아 있지 않다. 주실 안에는 링가와 요니가 남아 있다. 전형적인 시바 사원의 신상 배치를 하고 있다.

사원 인근에서 발견된 760년 명의 디노요 비문과 관련해서 8세기 후반에 건립되었다고 추정되고 있다. 정확한 창건연대는 알 수 없지만 동부 자바에서 발견된 가장 오래된 사원이다.

찬디 송고리티는 말랑 시 서북쪽의 바둣 마을 가까이에 있는 소형 찬디이다. 기단 부근에서 9세기경의 비문이 발견되었다. 사원 건립 당시의 세부 구조를 알 수 없을 정도로 현재 상태는 폐허에 가깝다. 이 찬디의 흥미 있는 특징은 주실 중심의 주신 대좌 밑에 용천수 우물 유적이 있는 점이다. 성수 신앙에서 유래하는 사원으로 추정된다.

인도네시아의 신전과 사원 입지는 화산과 관련이 있다는 점은 필자가 각장에서 명확하게 밝혔다. 또한 인도네시아의 신전과 사원 입지는 용천수와 깊이 관련하고 있다. 화산 분구의 호수에서 흘러나온 용천수에 신전과 사원을 세운 곳이 많다.

## 무당 카무란 왕조기의 사원과 유적

중부 자바에 있었던 샤일렌드라 왕국은 832년을 마지막으로 중국 사료에서 그 종적을 감추지만, 그 후 족자카르타를 중심으로 하는 평야에 마타람 왕국이 등장하여 927년까지 존속했다. 그러나 이 시기를 경계로 해서 마타람 왕국도 종적을 감춘다. 그 후 929～930년에 마타람 왕국의 권신 '엄푸 센독'이 동부 자바로 이주해서 새로운 왕조를 세운다. 그로부터 동부 자바가 인도네시아의 중심지가 된다. 센독 왕의 근거지는 페낭궁간 산기슭<sup>와탕 마스</sup>을 거점으로 해서 스리위자야 왕국과 교역을 했다.

센독 왕으로 시작하는 무당 카무란 왕조는 시바교와 함께 토착적인 요소가 현저하게 나타난다. 《라마야나》나 《마하바라타》 등 인도 고전이 자바어로 번역되면서, 소위 '힌두·자바 문화'가 형성되기 시작한다. 동부 자바 사원의 석상과 부조에서 '자바화'한 양식을 감지할 수 있다.

힌두교 영묘 사원(구눙 카위, 발리 섬)

발리의 본격적인 '힌두교화'<sup>자바 힌두교</sup>는 10세기 말 무당 카무란 왕조의 지배 이후부터이다. 이 시대에 발리 문화의 '힌두·자바화'가 시작되고, 발리에서 발견된 비문도 자바어가 많아진다. 발리 왕조와 동부 자바 왕조는 통혼관계가 맺어져 관계가 깊어진다. 특히 자바의 아이르랑가 왕 시대 <sup>1019～1042년</sup>에 들어가면 발리 왕조는 무당 카무란 왕조의 영향을 강하게 받는다.

'아이르랑가'는 16세 때에 백부가 왕위에서 쫓겨나자 서부 자바로 도주한다. 그는 후에 서서히 세력을 키워 이전에 백부가 다스린 왕국을 되찾아 자바의 가장 위대한 왕이 된다. 아이르랑가 왕의 생모는 그를 출산한 후 발리의 와루마데와 왕조

4대째 왕 달마우다야나와 결혼한다. 그 때문에 자바 무당 카무란 왕조와 발리 와루마데와 왕조의 관계가 깊어진다. 발리 왕족 사이에 자바 궁중어 카위어가 사용되기 시작한 것도 이때부터이다.

### 찬디 자라톤다

아이르랑가 왕과 관련하는 유적이 페낭궁간 서쪽 사면에 있는 '찬디 자라톤다'이다. 신이 사는 마하메루<sup>페낭궁간 산</sup>의 성수<sup>용천수</sup>가 샘솟는 곳에 만든 목욕장이다. 산 경사면을 깎아내어 석재로 옹벽을 세우고 그 밑에 16.3×13.5m의 직사각형 수조를 만들었다. 수조 중앙에 2단의 분수탑이 세워져 있다. 상부는 마하메루를 상징하여 만들었고 기저부에는 유해교반 신화에 나오는 1마리의 나가<sup>8</sup>가 부조되어 있다. 용천수는 옹벽 벽면에서 분수탑 위로 배수관에 연결되어 정상의 수조 안에 유입된다. 그 수조가 가득차면 주위 배수로를 통해 한단 밑의 수조로 떨어져 흐르고, 2번째 수조가 가득차면 가장 밑에 있는 수조로 물이 떨어지게 만든 일종의 분수 시설이다.

찬디 자라톤다

분수탑 배후 옹벽 중앙에는 신상이 안치되었던 감실이 남아 있다. 이 감실에 안치되었던 여신상이 자카르타 국립인도네시아박물관에 전해지고 있다. 입상의 여신상은 오른쪽 손 안에 배수관이 설치되어 분수가 손에서 흘러나오도록 만들어져 있다. 또한, 옹벽 좌우에 보조적인 분수탑이 마련되어져 있다.

이 유적은 1980년에 국립인도네시아고고학연구소가 복원했다. 이 용천수 유적은 지금도 신앙의 대상이 되고 있다. 자바인이 이슬람교로 개종을 했지만, 이 물을 마시면 병이 낫고, 잡귀를 쫓는 영력이 있고, 또한 이 물을 경작지에 뿌리면 풍년이 든다고 믿고 있다. 중앙 분수탑의 하단 벽면은 높이 약 60cm의 석판 16장으로 이루어졌다. 현재 석재 일부가 결손해 있지만, 남아 있는 각 면에 부조가 새겨져 있다.

부조는 《마하바라타》의 판다바 족의 영웅 이야기를 주제로 하고 있다. 옹벽 좌우에 자바 기원의 사카력이 비문으로 새겨져 977년에 유적이 만들어진 것이 밝혀졌다. 판다바 영웅 이야기 부조는 선조와 그 신비한 힘을 가진 성수를 신앙적으로 결부시킨 유적이다. 그 밖에도 국립인도네시아박물관에는 찬디 자라톤다에서 출토한 부조 가루다에 남치당하는 므리가와티가 전해지고 있다.

여신상(찬디 자라톤다)

'요정 티롯타마의 저주를 받아 므리가바티는 사하스라니카 왕 마하바라타 이야기 주인공 아르주나의 후예과 결혼한다. 왕비가 된 므리가와티는 어느 날 가루다에 의해서 유괴된다. 그 후 왕비 므르가와티는 우다나야라는 왕자를 만난다. 우다야나 왕자는 많은 곤란을 이겨내어 10살 때 처음으로 부왕 사하스라니카를 만난다.'

페낭군간 유적에서 10세기에서 15세기의 비문이 발견되었다. 비문은 동부 자바 왕족들이 사원을 순례하며 명상과 기원을 한 내용이다.

가루다에 남치당하는 므리가와티

므르가와티와 사하스라니카(찬디 자라톤다)

## 찬디 베라한

　　페낭궁간 해발 700m에 있는 동부 자바기 초기의 특이한 유적이다. 말랑 시에서 국도를 북상하여 근폴 시 앞을 왼쪽으로 돌아가면 페낭궁간 산에 이른다. 지금은 페낭궁간의 한적한 산속에 있다. 이 사원은 1049년에 서거한 무당 카무란 왕조 '아이르랑가 왕'의 영묘로 전해지고 있다. 이 사원은 페낭궁간 동쪽에 있는데 목욕장과 2기의 아름다운 여신상이 남아 있다.

　　명군 아이르랑가 왕의 영묘라고 하기에는 초라한 유적이지만 남아 있는 석상은 조각적으로 훌륭하다. 당대 최고 솜씨의 조각가에 의해서 만든 것을 한눈에 알 수 있다. 이 성산에서 샘솟는 용천수를 모은 목욕장이 아이르랑가 왕의 매장유적이

비슈누상(찬디 베라한)

라고 전해지고 있지만, 이곳은 성수숭배와 결부한 힌두문화 전래 이전의 종교 유적이다. 원래부터 신앙하고 있었던 용천수유적을 11세기 중반에 영묘로 조영했을 가능성이 크다.

사원은 용천수가 흐르는 산 사면을 깎아서 조성한 것으로 옹벽과 방형 욕조6.4m는 벽돌로 만들어져 있다. 페낭궁간 정상을 향하는 서쪽 벽면에 3개의 아치형 큰 감실이 만들어져 있다. 이러한 감실은 물론 목욕장 시설 자체가 발리의 유적과 아주 유사하다. 아리르랑가 왕은 살아있는 비슈누의 화신으로 숭배되었는데, 그 사후에 왕의 초상을 만들어 중앙 감실에 안치한다. 이 상은 가루다를 타고 있는 4비의 비슈누상높이1.9m이다. 비슈누의 뒤 양손은 원반과 법라를 들고 있고, 앞의 양손은 아미타 정인을 하고 있다. 비슈누를 머리 위에 태우고 숙적인 뱀과 싸우고 있는 가루다는 왕국의 총리를 상징하고, 그 왼손은 용천수가 흘러나오는 수도꼭지 역할을 하고 있다. 이 석상은 후세에 보수한 흔적이 여기 저기 남아 있지만 동부 자바기 제1의 명작이다.

현재 좌우 감실에 안치된 각각 4비의 여신상 조각도 훌륭하다. 이렇게 한적하고 초라한 유적에 아름다운 여신상이 있을 줄은 사원에 당도하지 않으면 상상할 수 없다. 아이르랑가 왕의 왕비를 상징하는 이들 여신상은 비슈누의 배우자이며 아름다움, 행복, 빛과 번영의 여신이다. 아이르랑가 왕에 대해서는 동시대의 비문 사료가 남아 있다. 그 하나가 1037년 산스크리트어로 쓰인 아이르랑가 왕 찬가와 그 뒷면의 1041년 자바어로 쓰인《아이르랑가 왕 송덕비》라는 비문이 있다.

아이르랑가 왕은 1037년에 왕위에 올라 전왕의 딸인 라크슈미吉祥天, 힌두교 미의 신와 결혼을 하고, 그 후 스리위자야 왕국의 슈리 공주와 결혼한다. 이러한 역사적인 기록을 증명하듯이 찬디베라한에는 슈리 상남쪽과 라크슈미 상북쪽이 남아 있다. 지금도 탐스러운 젖꼭지에서 용천수가 흘러나오고 있다. 목욕장과 석상은 발리의 고아·가자 유적과 유사하다.

고아·가자 유적

## 크디리 왕조기의 사원과 유적

　　동부 자바기의 제2기 즉 1042년부터 1222년까지를 크디리 왕조기라
고 한다. 이 시대는 사원 조영 및 예술 활동이 미약했던 것 같다. 중부·동
부 자바 시대 가운데에서 조형 활동이 가장 활발하지 않은 시대이며 눈에 띄는
사원도 거의 없다. 따라서 사원과 유적을 연구하는데 전후 관계를 해명하는 것
이 쉽지 않다. 미술사의 연속적인 흐름보다는 상이점이 현저하다.

　　크디리 왕국은 무당 카무란 왕국을 계승한 나라이다. 아이르랑가 왕은 왕국의
번영을 위하여 농업, 교역, 예술, 종교를 정비했다. 왕국이 안정되자 아이르랑가
왕은 1942년 왕위를 딸에게 물려주고 출가한다. 그러나 그 딸도 출가를 하여 그
후 왕위를 둘러싸고 2 아들이 분쟁을 일으켜, 증가라 왕국과 크디리 왕국으로 분
열한다.

　　자야와루사가 이끄는 크디리 왕국은 카후리판에 왕도를 둔다. 그 후 크디리 왕
국은 다르마왕사 왕 시대에 동부 자바 전역을 지배하게 된다. 크디리 왕국의 수
도 ‘다하’는 부란타스 강가의 비옥한 경작지가 많았고 창구 항을 통해서 교역도
활발하게 이루어져 번성한다. 크디리 왕조 때에도 많은 사원이 건립되었지만, 크
디리 왕조가 명확하게 건립했다고 알려진 사원은 그다지 없다. 찬디 파나타란
<sup>1197~1454년</sup>은 크디리 왕조가 건립을 시작한 사원이다. 하지만, 현재 남아 있는 사
원은 마자파힛 왕조가 증축한 것으로 상세한 내용은 마자파힛 왕조기의 사원에
서 소개하기로 한다.


### 고아 세로망렝

　　　　티르타르 인근의 크로톡 산 서쪽에 작은 석굴사원이 발견되었다. 석굴사원
은 인도에서 크게 성행했지만, 인도네시아에서는 고온다습한 기온 때문에 그다지 조
영되지 않았다. 따라서 고아 세로망렝 유적은 예외적이라고 할 수 있다.

　　　　석굴 입구<sup>높이 1.8m</sup> 정면 위에 거대한 카라 상을 부조해 놓고 있다. 동부 자바
의 반도와소 고아 부토 유적과 발리의 고아 가자 유적의 석굴사원과 유사하다. 우다
야나 왕과 아이르랑가 왕 시대에 동부 자바와 발리의 교류를 알려주는 유적이다.
석굴 안의 석실 입구 위에도 통통한 얼굴을 하는 귀면 카라가 새겨져 있다. 아래턱과
주먹을 쥔 두 손이 귀엽게 새겨져 있다. 남면 석실 벽면에도 자바 설화가 와양 양식으
로 새겨져 있다. 부조 주제는 산속에서 고행하는 아르주나의 모험담이다. 인도의《라

석실 입구의 카라 상(크로톡 산의 석굴사원)

마야나 이야기》를 개작한《아르주나·비하라》이다. 이 부조에는 아르주나의 하인으로 자바에서 인기를 끌었던 광대 역 '파나카 왕'의 부조가 보이지 않는다. 이로 말미암아서 석굴사원은 동부 자바기 초기에 조영한 것으로 추정되고 있다. 인물 부조에는 아이르랑가 왕의 딸 '데위 키리수치'가 묘사되어 있다. 10세기~11세기에 조영한 석굴사원이다.

### 찬디 구눙 강시르

수라바야 말랑 국도 남쪽의 구눙 강시르 마을에 있다. 두께 10cm의 편평한 벽돌로 만들어진 사원은 원형을 알아볼 수 없을 만큼 손상이 심하다. 1830년 이 사원을 조사한 네덜란드인 도미스에 의하면 동부 자바기의 초기에 속하는 사원으로 보고되어 있다. 중부 자바기의 사원 양식을 그대로 답습한 동부 자바기 초기 사원이다. 지금도 부조 장식 일부가 남아 있어 당시의 벽돌제조 기술 수준이 높았던 것을 전해주고

벽면 부조(찬디 구눙 강시르)

있다. 11세기에 건립된 사원으로 추정되고 있다.

### 찬디 사웬타르

찬디 사웬타르는 브리타르 동쪽 카니고로 마을에 있다. 사원은 원래 화산재에 묻혀있었다. 1915년~1920년까지 발굴 조사에 의해서 전모가 밝혀졌다. 정방형 기단 7×7m, 높이 1.5m 위에 높은 첨탑의 당사가 세워져 있다. 사원 구조는 전체적으로 찬디 키달과 유사하다. 사원 총 높이는 10.65m로 정면은 서쪽이고 사당 안의 신상은 남아 있지 않다. 입구에 카라·마카라 장식이 없

찬디 사웬타르

는 것이 특이하다.

주실garba grha 안의 요니에 가루다 상이 새겨져 있어, 이 사원은 비슈누신을 모셨던 것으로 추정되고 있다. 얕은 옥개에는 감실이 마련되어 있다. 사원은 미완성인채 화산재에 묻혔다고 한다. 동부 자바기의 초기 사원에서 새로운 양식으로 이행하는 이행기의 사원으로 13세기 초반에 건립되었다. 싱고사리 왕조기의 사원일 가능성도 있다.

## 싱고사리 왕조기의 사원과 유적

싱고사리 왕조1222~1292년 시대에는 4개의 중요한 찬디가 남아 있다. 당시의 수도는 말랑 근교 토마풀현재의 싱고사리이다. 왕조는 약 70년간 5대의 왕이 통치했다. 싱고사리 왕조의 4개 사원유적은 말랑 시 인근에 있다.

### 찬디 키달

말랑 시 동남동에 툼팡 마을이 있다. 이 마을 주변은 싱고사리 왕조기의 중심지로 야자나무숲 속에 아름다운 찬디 키달이 있다. 이 사원은 싱고사리 왕조 제2대 왕 아누사파티1227~1248년의 영묘로 전해진다. 사당은 통상 사후 12년째 봉축 되는 관례로 보아 이 찬디는 1260년에 창건 된 것이다.

찬디 키달

정방형 기단8.36m, 당사, 옥개 등 가늘고 긴 첨탑 건축은 동부 자바기 찬디의 전형적인 예라 할 수 있다. 전체 높이는 17m로 현재는 옥개 일부가 유실되었다. 2중의 높은 기단 위에 당사 벽감과 카라 장식은 중부 자바기 형의 모습을 남기고 있다. 그러나 이제까지 볼 수 없었던 찬디 키달만의 독특한 새로운 장식도 눈에 띤다. 2층 기단 네 구석에 사자 상을 배치하고 중앙에 성수 항아리를 머리 위로 받쳐 든 가루다를 새겨 놓고 있다. 이러한 장식은 찬디 키달만의 독특한 것이다.

가루다 상(찬디 키달)

　이 가루다 상은 찬디 베라한의 '비슈누·가루다 상'의 가루다와 유사하다. 기둥 장식에 새겨진 화병 부조도 그 밖의 중부 사원에서는 볼 수 없는 장식이다.

　수평선이 강조된 기저부와 넓은 처마 밑에 가늘고 긴 당사가 세워져 있다. 당사 서쪽 정면에 거대한 카라를 조각한 주실 입구와 계단이 있다. 주실 입구 좌우에 장식 찬디 형의 감실이 있다.

　계단 양 날개벽은 유실되어 남아 있지 않지만, 전체적으로 중부 자바기의 양식이다. 그러나 날개벽 끝에는 마카라 장식이 없고, 형태가 다른 괴수의 머리가 새겨져 있다. 변형된 마카라 장식의 일종으로 생각한다. 계단도 중부 자바기의 S자형도 아니고 후대의 동부 자바 J자형도 아닌 싱고사리 왕조기의 새로운 형태로 만들어져 있다.

　당사 3면에도 곡선 장식의 감실이 만들어져 있다. 카라는 중부 자바의 카라·마카라 장식과는 다른 형태로 독립된 카라 상만이 감실 위에 고 부조되어 있다. 카라 조각도 중부 자바기의 귀면과는 상당히 다르게 인간적이고 익살스러운 표정을 하고

측벽 감실(찬디 키달)

있다. 또 아래턱이 있어, 손가락과 송곳니를 드러내고 있는 점도 중부 자바의 사원에서는 볼 수 없는 형태이다.

중부 자바기의 카라 머리 위에 장식되었던, 식물문양 장식도 동부 자바에서는 보이지 않는다. 이 측벽에 새겨진 카라 머리 위의 벽면에 화염문 부조가 새겨지고 있는데 이것은 파리자타라는 식물 문양으로 천국을 상징한다. 중부 자바의 천계수 영향이라고 할 수 있다. 옥개는 상부 일부가 결여되었지만, 중량감이 있는 피라미드형이다.

네덜란드 암스테르담에 있는 왕립열대연구소 소장의 4비의 시바신상은 원래 주당에 있었던 것이다. 이 석상<sub>높이 1.23m</sub>은 아누사파티 왕의 초상으로 여겨지고 있다. 뒤 양손에 시바의 소지품인 불자와 염주를 들고 있다. 석상 좌우의 연꽃 장식은 중부 자바기 문양과 아주 유사하다.

## 찬디 자고

말랑 시에서 동남쪽 25km의 툼팡 마을에 있는 불교 사원이다. 싱고사리 왕조의 제4대 비슈누바르다나 왕<sub>1248~1268년</sub>이 자신의 초상을 불상으로 만들어 창건 했다고 전해진다. 사원 봉축이 사후 12년째에 행해지는 관례를 따랐다면 이 찬디는 1280년에 세워졌다.

그러나 당사의 대부분이 무너져 있어 사원이 창건 당시의 것인지 혹은 후에 증축 한 것인지 논쟁이 되고 있다. 다시 말해 건축 구성이 13세기 후반 양식이라기보다는 상당히 후대에 속한다. 주실과 감실에 있었던 불상으로 보아 불교 사원인 것은 명확하지만, 벽면에 새겨져 있는 부조는 불교와 관계가 없고, 불상과 부조간의 양식

차이가 현저하다.

이 찬디의 가장 특이한 점은 평면이다. 전면에 넓은 테라스와 계단을 가지는 3층 계단식 피리미드의 형태를 하고 있다. 보로부두르, 찬디 수쿠와 체토, 찬디 파나타란과 같은 유형의 사원이다. 다시 말해 3층 계단식 피라미드성스러운 산을 상징한다의 전면 양쪽에 계단을 설치하고, 그 최상단 안쪽에 사당을 만들어 놓았다. 자바의 선사시대 피라미드 신전 양식을 답습한 것이다.

유구는 15도 서쪽에 치우쳐서 서북을 향하고 있다. 제1 테라스의 안쪽 길이 23.5m, 폭 14m, 높이 2m이다. 그 위에 제2 테라스높이 3.5m, 제3 테라스1.7m가 만들어져 있다.

테라스에 오르는 계단 날개벽은 두터운 J자형을 하고 있고 그 정면 상하에 역3각형의 장식 부조가 있다. 또 날개벽과 기단을 이루는 구석모서리부에 기단과 같은 형태의 1단 낮은 테이블 형의 작은 기대가 있다. 이것을 기탁이라고 부르는데 J자형 날개벽과 기탁은 동부 자바기의 14세기 이후 유적에서 볼 수 있는 독특한 구조이다. 이러한 세부 수법으로 보아 찬디 자고의 건립 연대는 14세기로 생각한다.

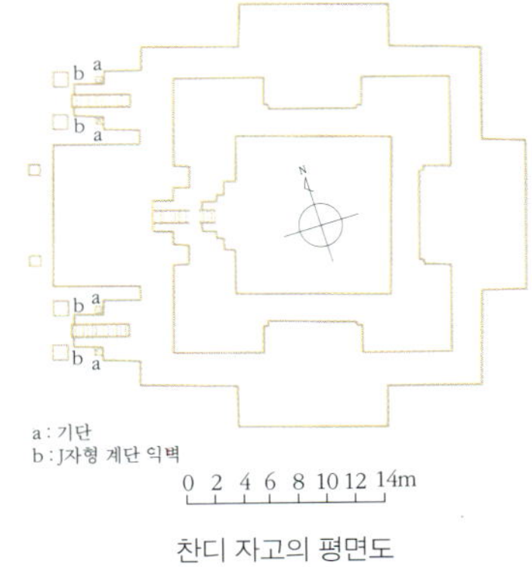



찬디 자고의 평면도

찬디 자고

당사 사방이 돌출한 정방형 평면으로 정면에 입구와 주실, 다른 3측면에 불감이 마련되어져 있었지만 일부를 제외하고 모두 붕괴하였다. 옥개 형상도 불분명하다.

3층 계단식 테라스 측벽에는 특히 불교와는 직접 관계가 깊은 힌두·자바 문학을 취재한 여러 설화가 와양 양식으로 부조되어 있다. 제1 기단과 제2 기단 주벽을 장식하는 면석에 자바어로 쓰인 불교 설화 쿤자라카르나 이야기 부조가 주목된다. 익살스럽고 민예적인 표현은 14세기 이후의 양식이다.

계단 날개벽(찬디 자고)

크리슈나 이야기(찬디 자고)

주실 내진이나 측벽 감실에 거대한 28비의 관음상을 본존으로 하는 밀교 불상이 안치되었던 것 같다. 이들 불상에는 인도 나가리 문자의 명문이 새겨져 있어, 인도 팔라 왕조가 영향을 끼쳤던 것을 알 수 있다. 이 찬디에 있었던 수다나쿠마라 및 부루쿠티 상은 현재 자카르타 국립인도네시아박물관에 소장되어 있다. 불상에 의해서 이 사원이 불교계인 것은 확실하지만, 감실에 바이라바<sup>시바</sup> 상이 있었던 것으로 보아 힌두교와 불교가 혼합하여 신앙되었던 것을 알 수 있다.

찬디 자위

## 찬디 자위

　　찬디 자위는 수라바야 남쪽 40km 웨리란 산<sup>유황의 산</sup> 밑에 위치하여 정면은 페낭궁간을 향하고 있다. 싱고사리 왕조 제5대 구루타나가라 왕<sup>1268~1292년</sup>의 영묘라고 전해지고 있다. 이 시대에는 왕=시바=석가가 혼연 일체하는 사상이 나타난다. 살아 있는 구루타나가라 왕이 시바신과 석가라는 사상을 토대로 사원이 건립된 것이다. 1365년 마자파힛 왕조 하얌 우룩 왕의《나가라크르타가마》비문에 시바교와 불교의 혼합된 성격을 가진 사원으로 1321년 낙뢰에 의해 그 정상부가 손상했지만 그 다음 해에 복원했다고 적고 있다. 이 찬디 자위 옥개는 '라토나'<sup>힌두교 사원의 옥개 장식</sup> 위에 '장식 스투파'<sup>불교 사원의 옥개 장식</sup>가 만들어져 있어서 2 종교가 하나의 사원 안에 혼합한 양상을 보이고 있다.

　　《나가라크르타가마》비문은 상부의 장식 스투파가 1332년 복원 때에 만들어 진 것으로 기재하고 있지만, 발굴된 기단 부조에 새겨진 건축 형태가 이 사원 모습을 아주 잘 닮아 있다. 1332년 복원은 창건 당시의 찬디를 충실히 복원했던 것을 알 수 있다.

부조(찬디 자위)

찬디의 사방은 해자로 둘러싸여진 대지4~5m 위에 동면하여 세워져 있다. 전방에 목조 누각이 있었다고 생각되는 기단높이 3m, 기단은 8.8×8m이 있고 그 정면에 계단5×5m이 남아 있다. 기단7.6×7m의 면석에는 부조가 새겨져 있는데 그 표현은 같은 시대의 다른 찬디에 비해서 사실적이다. 와양 양식과 다르고 부조 이야기 출전도 알려지지 않았다. 발견된 조상은 시바교 신상으로 경내 구석에 난디스바라, 8비의 두르가 상이 남아 있다.

## 찬디 싱고사리

싱고사리 왕조 마지막 왕 구루타나가라1268~1292년의 영묘로 전해지고 있다. 건립 연대는 대체로 1300년경으로 여겨진다. 사원은 왕조의 교체에 의해 미완성인채 끝나버렸다. 영묘무덤는 죽은 자 보다 자식후손이 잘되지 않으면 훌륭한 것을 만들 수 없다. 입구에 한 쌍의 큰 수호신드바라파라 상이 남아 있다.

드바라파라 상(찬디 싱고사리)

찬디 건축의 공정은 기단, 당사, 옥개를 쌓아올리고 그 후 위에서부터 하부로 내려오면서 여러 장식을 조각한다. 찬디 표면 장식 조각은 전체 높이의 반 정도밖에 새겨져 있지 않고 그 하부의 조각은 미착수인 상태로 중지되었다. 이 사원은 1935~1936년에 현재 상태로 복원되었다. 찬디는 기본형에서 출발하고 있지만, 세부에는 특이한 구조도 있어, 일종의 변형 찬디라고 할 수 있다.

우선 정면서남 33도에 돌출한 계단을 만들고 그 뒤에 방형7×7m의 기단이 있다. 당사의 평면은 주실, 전실, 측실을 십자형으로 배치하여 전실 입구 좌우에 감실을 마련하였다. 찬디 로로 종그랑과 유사한 구조를 하고 있다. 이 평면은 당사를 2층으로 해석하는 견해와 1층 기

시바 구루 상(찬디 싱고사리)

찬디 싱고사리

단의 변형으로 보는 견해가 있다. 필자는 상층 부분에 이어지는 계단은 없지만 내부의 작은 공간과 사방 벽에 감실이 마련되어 있어 2층 당사로 본다. 필자가 2층으로 보는 공간을 다락방과 같은 옥개의 변형으로 보는 견해도 있다. 하지만, 이러한 옥개의 변형은 그 예가 없다. 전실과 측실은 돌출하게 만들어져 있고, 옥개는 첨탑으로 사방에 4개의 봉우리 장식을 만들어 마하메루를 본 딴 형태이다.

주실에는 링가와 요니가 안치되어 있다. 입구 좌우 감실에는 난디스바라와 마하카라, 세 측실에는 가네샤, 시바 구루, 두르가상이 안치되었는데 현재 시바 구루상<sub>높이 197cm</sub>만이 남아 있다.

암스테르담 라이텐에 있는 국립민족박물관 1층 전시실에 찬디 싱고사리의 두르가, 가네샤, 마하카라, 난디스바라 상을 비롯해 싱고사리 부근의 다른 찬디에서 발견된 반야바라밀보살<sub>높이 126cm</sub>, 시바 신상<sub>높이 167cm</sub> 등이 전시되어 있다.

## 마자파힛 왕조기의 사원과 유적

동부 자바기 제4기의 마자파힛 왕조 전성기 사원유적은 넓은 지역에 남아 있다. 마자파힛 왕조<sub>1295~1520년</sub>의 왕도였던 트로우란을 중심으로 해서 그 서남쪽 부란타스 강 유역 일대에 많은 유적이 남아 있다. 모조케르토 시 남

마자파힛 왕조기의 유적도

서 약 10km 트로우란에 수도가 있었다. 마자파힛 왕조의 대표적인 유적은 왕궁과 찬디 파나타란, 찬디 수라우노, 찬디 티고완기 등의 사원이다. 마자파힛 왕성은 높이 10m 성벽으로 둘러싸인 요새 도시였다. 현재 왕년의 영화로운 면모는 거의 찾아볼 수 없다.

## 찬디 파나타란

찬디 파나 브리타르 북쪽 12km 크르드 산 남서쪽에 위치한다. 크르드 산은 시바신의 성산으로 신앙 됐다. 찬디 파나타란은 마자파힛 왕조 최대 사원이며 동부 자바기의 가장 중요한 성지이다.

동부 자바 최대의 사원이라고 하지만, 전체적인 가람 배치를 보면 사원의 각 유구들이 상호 관련하여 처음부터 설계되어 조영된 것이 아니다. 시대를 달리하는 유구들이 불규칙적으로 배치되어 있다. 사원에서 발견된 비문은 1197년부터 1454년에 걸쳐서 끊임없이 증축이 있었던 것을 기록하고 있다. 현재 남아 있는 대부분의 유구는 14세기 이후에 조영된 것들이다. 토마스 스탠퍼드 래플즈의 『자바사』에는 사원 전체 구성은 신들에게 바쳐진 건물과 인간이 거주하는 건물로 이루어져 있다고 기록하고 있다.

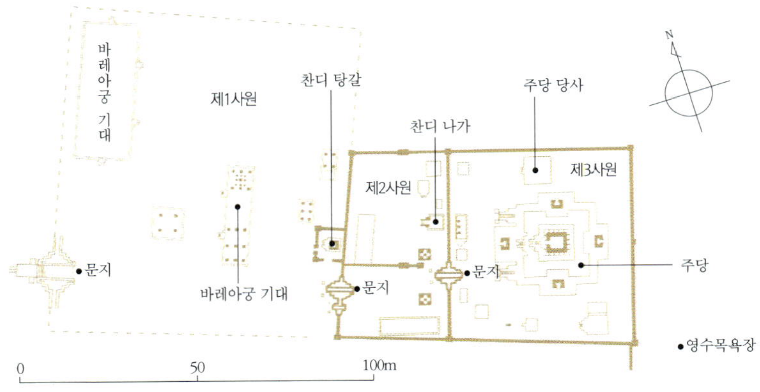

찬디 파나타란의 평면도



사원의 중심 사당은 내원에 있는 3층의 계단식 피라미드 신전이다. 내부 공간이 없는 피라미드 신전을 주당으로 하는 것은 찬디 자위와 같다. 이 사원은 원래 선사시대 거석 문화기의 피라미드 신전을 시원으로 하고 있다. 오랜 시간동안 신앙 되어 오다가 힌두교가 전래하면서 점차 힌두교 사원으로 변천했다고 추정되고 있다. 이러한 계단식 피라미드 신전은 고대 신당의 부활이라 할 수 있다.

사원 장축<sup>길이 180m</sup>은 서북서에서 동남동을 향하고 있다. 제일 서쪽 외원<sup>90×90m</sup>은 정방형으로 사원 전체 면적의 반을 차지하고 있다. 그 동쪽에 인접하는 중원<sup>30×60m</sup>은 직사각형으로 외원보다는 다소 서쪽을 향하고 있다. 제일 안쪽 내원<sup>60×60m</sup>에 피라미드 신전이 있다.

외원 기단의 부조(찬디 파나타란)

사원 입구는 외원 서쪽 경계선 남쪽에 있고 그 양쪽에 한 쌍의 도바라파라<sup>수호신</sup> 상이 세워져 있다. 이 문과 일직선으로 해서 사원 남쪽 경계선과 평행하여 참배 길이 제일 안쪽의 내원까지 이어진다. 중원, 내원 입구에도 각각 한 쌍의 수호신 석상이 마주보게 세워져 있다.

외원에는 2개의 직사각형 기단 터가 남아 있다. 기단 측벽에 부조<sup>1375년의 명문</sup>가 파노라마처럼 새겨져 있다. 기단 위에 목조 사당을 세웠던 기둥 초석이 남아 있다.

기단 측면 부조에는 발리 섬의 발레·아궁과 잘 닮은 고상식 목조 건축과 독탑이 새겨져 있다. 기단 부조의 출전은 대부분 미비정이다. 조각 양식은 내원에 있는 3층 피라미드 신전 벽면과는 다르게 조잡하다. 이러한 차이 때문에 이 기단 부조는 비교적 후대에 제작된 것으로 보는 견해도 있다.

중원 북쪽에는 옥개까지 완전하게 복원한 소형 사당이 있다. 주실 입구 위에 건립 연대가 새겨져 있어 '찬디 탕갈'<sup>1369년</sup>이라고 부른다. 그 밖에도 중원 안에는 건물 터의 기단<sup>7×30m</sup>이 남아 있다.

찬디 탕갈은 1917~1918년에 복원되었다. 동부 자바 찬디의 옥개는 완전한 상태로 남아 있지 않아서, 그 전모를 알 수 없었다. 높이 4m의 소형 찬디는 옥개 정상까지 완전한 형태로 복원되었다. 늘씬한 당사와 첨탑 형의 옥개가 만들어 내는 멋은 중부 자바기 사원의 낮고 넓은 옥개와는 대조적이다. 입구와 벽감, 정면의 J자형 계단은 전형적인 동부 자바기 양식이다.

찬디 탕갈

찬디 나가

중원 안에 '찬디 나가'<sup>용의 사</sup>가 있다. 정면에 J자형 날개벽 계단이 있는 소형 건축으로 옥개가 결손하고 있다. 가벼운 목조로 지붕을 했을 것으로 추정하는 견해도 있다. 내원 본전 주벽 부조를 보면 발리 사원에서 볼 수 있는 다층탑인 '메루'가 새겨져 있어, 석조와 목조가 병용한 건축물도 있었을 것이다. 하지만, 상식적으로 기단과 당사를 고려하면 옥개 부분만 목조로 만들었다는 추정은 인정 할 수 없다.

천녀와 나가

찬디 나가는 당사 처마 근처에 거대한 용이 사방에 조각되어 있다. 마하메루를 상징하는 옥개 밑 부분에 용을 휘감아 놓은 것은 힌두교 '유해교반'의 신화에서 유래한다. 즉 나가 바로 그것이 마하메루의 상징이다. 당사 벽면에 9명의 아름다운 천녀들이 두 손으로 나가를 받쳐 들고 서 있다. 조각의 아름다움도 앙코르 와트의 유해교반 부조에 결코 뒤떨어지지 않는다. 찬디 나가의 종교적

계단 익벽

용도는 잘 알려지지 않았지만, '경장'[서고] 혹은 '왕이 명상하는 장소'였다는 견해가 있다.

찬디 파나타란의 가장 중요한 심장부는 안쪽에 있는 내원이다. 일반적인 자바 사원은 실내공간이 있는 '사당형 찬디'이다. 하지만, 내원에 있는 찬디는 3층 계단식 피라미드를 신전으로 하고 있다. 제1층은 정방형으로 사방 벽면을 우리나라 성곽의 '치'와 같이 돌출부를 만들었다. 서쪽 정면 돌출부는 다른 3벽면 보다 한층 더 돌출하여 그 좌우에 계단이 만들어져 있다. 계단을 오르면 제2층의 회랑과 연결된다. 제1테라스는 동서 33.80m, 남북 30.44m이다. 계단 날개벽은 정면 상하에 역삼각형의 부조가 새겨진 두터운 J자형이다. 계단 양옆에는 곤봉을 가진 한 쌍의 수호신상이 세워져 있다. 1374년의 명이 있는 이들 4구의 수호신 상의 등에도 훌륭한 부조가 새겨져 있다.

내원의 계단식 피라미드(찬디 파나타란)

제1테라스 측벽에 원형 석판[부조 안에 여러 가지 동물을 새긴 메달리온, 지름 약35cm] 장식과 라마야나를 새긴 면석 부조[높이 70cm, 폭 50~60cm]가 교대로 배치되어 있다.

메달리온과 라마야나 이야기 부조

마왕 군과 싸우는 하누만

《라마야나 이야기》는 전편이 아니라 원숭이 장군 하누만이 랑카 섬에 상륙하여 적장 쿰바카르나를 죽일 때까지의 극적인 장면만을 새기고 있다. 이 이야기 부조는 입체감이 떨어지지만, 인도 이야기가 '자바화'하는 과정을 잘 보여준다.

제1테라스 돌출부에는 각각 방형의 소형 찬디가 세워져 제3테라스를 둘러싸고 있다. 이것은 마하메루를 상징적으로 표현하는 동시에 종래의 십자형 당사 전실 및 측실 역할을 하고 있다.

제2테라스는 동서 19.07m, 남북 18.89m로 서쪽 중앙에 제3테라스로 오르는 계단이 있다. 제2테라스의 측벽에는 크리슈나야나 라마야나 이야기 안의 젊은 시절의 크리슈나신 이야기의 부조가 새겨져 있다.

제3테라스는 11.25×11.15m로 그 중심에 방형의 목제 사당이 세워져있었던 것으로 추정되고 있다. 서쪽 중앙에 계단과 기단 일부가 남아 있어 제3테라스 위에 특별한 종교적 시설물이 있었던 것은 확실하다. 이 테라스 안에서 오래된 벽돌 유구가 발견되어, 현재 피라미드 신전은 몇 차례 증축공사를 한 것이 알려졌다. 피라미드 신전은 1197년 크디리 왕조의 '스렝가 왕'이 세웠던 것을 1347년에 증축했다는 기록이 발견되었다. 비문에는 '크루드 산의 주신인 시바신을 위한 사원'이라고 기록되어 있다.

자바 선사시대의 신전 유적을 고려하면, 자연석 피라미드 신전, 벽돌제 피라미드 신전, 석재 힌두교 신전으로 변천 했을 가능성이 크다. 그리고 정상에는 목제 사당이 세워졌을 것으로 생각한다. 자바와 발리의 피라미드 신전 정상의 사당 안에는 음양석이 안치되어 있다. 찬디 파나타란의 원초적인 사원 형태는 찬디 수쿠와 찬디 체토와 유사한 것으로 생각한다.

제3테라스의 측벽 부조

제3테라스 측벽 구석 및 기둥 장식 부분에 날개를 달고 있는 수컷 사자 상, 기둥 장식 사이의 면석 부분에 날개를 달고 있는 나가 상이 새겨져 있다. 사자와 나가가 측벽에 장식되어 있다. 제3테라스 위 중심에 있었던 사당의 기단 벽면을 중심으로 천인, 여신, 나가 상이 새겨져 있다.

제1, 제2테라스 주변 구석모서리부에 세워진 장식 찬디는 이 신전을 마하메루라고 상정하면 주위를 둘러쌓은 4 봉우리를 상징적으로 표현한 것이다. 이러한 장식은 중부 자바기의 사원에서 강한 수평선을 완화하는 역할을 하고 있다.

내원 동남 가까이에 용천수가 흘러나오는 작은 성수 목욕장이 있다1415년 건립. 벽돌로 만든 수조에 화산암으로 벽을 쌓아 그 벽면에 부조를 새기고 있다. 자바의 설화《판차 타트라 이야기》를 민예 풍와얏 양식으로 묘사하고 있다. 자바 사원을 힌두교·불교 사원으로 이해하고 있지만, 이러한 사원의 원초적인 모습은 성수신앙을 기

성수의 목욕장

본으로 하는 기층문화에서 유래한다. 그것이 인도 전래의 종교 안에서 활발하게 맥을 이어가는 것을 알 수 있다.

## 찬디 티고완기

동부 자바의 크디리 동북 25km의 파레 시 가까이에 찬디 티고완기가 있다. 마자파힛 왕조 하얌 우룩 왕<sup>라자사나가라 왕, 1250~1389년</sup>의 처남 마타훈 왕자 영묘로 1365년에 건립되었다. 시바 사원으로 미완성인채에 중단되고 말았다. 방형 기단<sup>11.2×11.2m</sup>과 당사 일부만이 남아 있다.

기단은 양 측면과 배면 중심에 굵은 기둥 장식이 만들어져 있다. 그중 뒷면<sup>동면</sup> 벽면에 미완성의 남녀 부조가 새겨져 있다. 다른 2면의 기둥에는 아무런 부조가

찬디 티고완기

새겨지지 않은 채 조영이 중단되었다. 서쪽 계단 날개벽에는 북을 치고 있는 인물 부조가 있다. 이것은 와양 극 상연 광경을 묘사한 것이다. 당시 사람이 얼마나 와양 극을 좋아 했는지 알 수 있다.

와양 쿨릿은 10세기 이후 자바 섬에서 널리 유행한다. 다랑<sup>변사 겸 인형 다루는 역</sup>이 인형을 사용하여 이야기를 전개하는 그림자극이다. 흰 스크린 뒤에서 램프를 켜고 흰 막 뒤에서 인형을 조정하며 극을 진행한다. 스크린 뒤에서 1명의 다랑이 이야기하면서 모양이 다른 몇 개의 인형을 스크린 앞에서 조종한다. 스크린에서 인형을 멀리하면 그림자는 커지고 희미해진다.

와양 쿨릿(그림자극)

인형은 소가죽으로 납작하게 만들어진 것으로 부분적으로 작은 구멍이 송송 뚫려 있다. 이에 의해서 사람이나 동물 형태는 단지 전체가 그림자만 보이는 것이 아니라 각 부분의 윤곽을 구체적으로 나타낼 수 있다. 인형 중심에 1개의 굵은 막대가 매여 있다.

인형사 다랑이 스크린 근처에 꽂아 놓으면 인형이 스크린에 비춰진 채로 있기 때문에 등장인물을 느릴 수 있다.

와양 쿨릿에는 사람이 연기하는 와양 오랑이 있다. 그림자극은 사원 제사 때《마하바라타》나《라마야나》가 주된 연목으로 공연된다. 과거에는 귀빈만이 객석에 앉아 그림자극을 볼 수 있었다. 일반 사람들은 인형을 조종하는 스크린 뒤쪽에서 관람했다. 와양 쿨릿은 초저녁에 시작하여 새벽녘까지 공연된다.

와양은 인간의 마음속에 있는 것이 그림자가 되어서 나타난다고 한다. 와양은 신이나 선조의 영혼을 부를 수 있는 능력을 가지고 있다. 질병이 유행하거나, 재앙이 계속되면 그 내용을 담아 그림자극을 공연하는 것으로 문제의 예방과 해결을 믿고 있다. 와양은 스크린 오른쪽에서 등장하는 것이 선인, 왼쪽에서 등장하는 것이 악인으로 정 해져 있다. 선악의 개념을 아주 알기 쉽게 표현하고 있다.

그림자극 내용은 정해진 대본이 있는 게 아니다. 시대와 함께 변화하고 항상 새로움을 추구하고 있다. 상연은 극장이 아니라, 왕궁에서 뒤 골목길까지 장소를

수다마라 이야기(와양, 찬디 티고완기)

개의치 않는다. 또한, 사회
풍자를 비롯해 계몽적 발언
이 삽입되는 경우가 많다.
그러므로 '다랑'은 그림자
극을 통해서 사회적으로 많
은 영향을 끼칠 수 있다. 와
양 극은 인도네시아의 유네
스코 지정 세계 무형문화재
이다.

수다마라 이야기(동부 자바, 국립인도네시아박물관)

수다마라 이야기(찬디 티고완기)

　　1층 기단 장식 조각은 구속 모서리부에 왜인 상을 부조하였고 측면 면석에
도 식물 문양을 새겨놓고 있다. 기단 장식 부조 문양은 그리스·로마의 장식 문양을
연상케 한다. 미완성인채 공사가 끝났지만 기단 부조를 보면 만약 사원이 완성했다
면 유례가 없는 화려한 것이었다고 생각한다.

## 찬디 수라우노

사냥꾼으로 변신한 시바신을 만나는 아르주나(찬·디 수라와노)

찬디 수라와노

　　파레 북동에 찬디 수라우노가 있
다. 마자파힛 왕조 제4대 왕인 하얌 우룩
<sup>재위1350~1389년</sup>의 백부 '위자야라자사'의 영
묘 사당이다. 높은 기단만이 거의 원형에
가깝게 남아 있다. 그 기단 측벽에 자바 문
학의 명작 《아르주나·비바하》가 대형 평
방 안에 아름답게 부조되어 있다. 1035년
에 무푸·간와에 의해 《마하바라타》의 일부를 자바 풍으로 개작한 이야기 부조는 동
부 자바기 미술 성격을 잘 발휘한 걸작이다.

　　판두 왕의 아들인 아르주나<sup>마자파힛 왕조의 아이르랑가 왕</sup>가 주인공이다. 그는 성자
이며 이욕과 요가에 의해서 공덕을 쌓아 천계의 인드라 신으로부터 총애를 받는다.
또한, 그는 시바신에게서 특별한 활과 화살을 얻는다. 천녀의 도움을 받아 마왕 니와
타카와차를 살해한다는 이야기이다. 주인공의 매력은 물질적인 힘에 따르지 않고 모

두 천계 신의 도움과 은총에 의해서 승리한다는 점이다. 부조는 공백이 보이지 않을 만큼 인물과 장식 도안에 의해서 빽빽이 메워져 있다. 전형적인 와양 양식의 부조이다.

## 트로우란의 유적 군

고라무 수라간 유적

수라바야 시 남서 53km의 '트로우란'은 마자파힛 왕국의 수도였다. 지금은 한적한 시골이지만 한때는 인도네시아는 물론 말레이반도까지 지배했던 대 왕국이었다. 마자파힛 왕도에 대해서는 하얌 우룩 왕의 송시《나가라크르타가마 비문》에 의해서 복원 연구가 진행 중이다. 트로우란 부근에는 주로 14세기 후반의 가장 전성기 시대 유적이 남아 있다. 특히 테라코타제의 훌륭한 조상이 많이 출토하고 있다.

수도 주변에는 성문터, 성수 목욕장 등 특이한 유적이 남아 있다. 그 대부분은 소위 마자파힛·사이즈$20 \times 30 \times 5cm$의 빨간 벽돌로 만들어졌다. 마자파힛 시대의 다양한 석상이 전시되어 있는 트로우란 박물관 앞에 당시에 만든 큰 인공 호수가 남아

찬디 브라후

있다. 붉은 벽돌을 쌓아서 만든 인공 호수는 '고라무'<sup>바다 수라간</sup>목욕장이라고 한다<sup>폭 38m, 길이 175m, 깊이 3m</sup>. 찬디 유적은 찬디 티크스<sup>목욕장 유적</sup>, 찬디 브라후, 찬디 바잔 라투 등으로 중부 자바와는 다른 형태를 하고 있다. 중부 자바 왕조들이 주로 석재를 사용해서 사원을 조영했는데 마자파힛 왕조는 벽돌을 주로 사용하여 사원을 건립했다. 그 때문에 남아 있는 사원이 적다.

## 바잔 라투

찬디 바잔 라투

마자파힛 왕성 동남 지점에 있는 성문터로 여겨지는 찬디 바잔 라투가 있다. 붉은 벽돌로 만든 높이 16.5m에 달하는 성문은 동부 자바기 찬디와 아주 유사하다. 이러한 외견으로 말미암아서 이 유적은 바잔 라투<sup>성문</sup>라고 부른다. 14세기에 만들어진 왕성의 성문터로 추정되고 있다. 성문 출입구는 창건 이후의 원형을 그대로 간직하고 있다. 자바 사원은 화산과 지진에 의해서 붕괴하는데 14세기 벽돌 건축이 지금도 그대로 남아 있는 것은 기적에 가깝다. 한 번도 수리된 적이 없는 옥개는 찬디 탕갈의 옥개와 함께 동부 자바기 사원 옥개의 대표작이다.

지금까지 바잔 라투 유적은 마자파힛 왕국의 성문터로 많은 연구자가 생각해 왔다. 하지만, 적어도 수만 명 이상이 살았을 왕성 성문을 벽돌을 쌓아서 늘씬한 첨탑으로 만든 필연성은 어디에 있을까? 이 유적이 성문이라면 왜 하나만 남아 있는 것일까? 높은 계단과 폭이 1.4m밖에 안 되는 왕도 성문이 있을 수 있는 것일까? 발리 힌두교 사원에는 찬디 바잔 라투와 아주 유사한 사원 출입문이 많이 남아 있다. 필자는 이 유적은 사원 정문이었을 가능성이 높다고 생각한다. 이러한 사원 정문은 제례 때 신과 승려만이 사용할 수 있다.

## 찬디 디크스

찬디 자란 바투에서 동남에 찬디 티크스가 있다. 이 유적은 1914년 인도네시아 고고학자 아디네가라가 발굴한 성수의 목욕장이다. 아디네가라 박사는 마자파힛 왕조의 많은 유적을 발굴 조사했다. 찬디 티크스 유적은 지하 2m 깊이에 묻힌 상태에서 발견되었다. 다른 유적과는 달리 화산재에 묻혀있었

찬디 디크스

던 것이 아니라 목욕장의 급수 때문에 원래부터 지하에 낮게 만들어져 있었다. 북쪽에 계단이 있고 그 밑에 정방형 16×16m의 목욕장이 벽돌로 만들어져 있다. 남쪽 중앙에 삼층 피라미형의 분수탑이 있다. 상부 일부가 파손되어 있지만, 중앙에 크고 사방에 작은 장식 스투파가 있어, 마하메루를 상징해서 만든 것을 알 수 있다. 하층 테라스 벽면은 석재로 조각한 수도꼭지 24개가 삼면의 분수탑을 둘러싸게 배치되어 있다.

## 찬디 우린 라왕

마자파힛 왕궁 동북에 찬디 우린 라왕이 있다. 벽돌로 만든 사문 입구로 그 양식은 발리 사원 입구 찬디 븐타르와 같은 형태이다. 이 건축 양식은 마치 키가 큰 찬디를 종으로 2개로 갈라놓은 형태이다. 문은 동서를 향하고 있지만, 남쪽 삼각 지붕은 비교적 원형이 잘 남아 있다 높이 약15m, 폭 3.7m, 길이 9m.

찬디 우틴 라왕

## 찬디 자붕

붉은 벽돌로 만든 사원 중에 비교적 원형이 잘 남아 있는 것이 찬디 자붕이다. 마자파힛 왕조의 왕족 여성이 1354년에 건립한 영묘 사원이다. 하얌 우룩 왕과 관련 있는 찬디 게토스1389년 건립, 찬디 방칼14세기, 찬디 구눙 강시르11세기도 벽돌로 만들어진 사원이다. 하얌 우룩 왕의 영묘로 추정되는 사원은 웅간죽에 있는 찬디 웅게토스이다. 벽돌로 세운 탑으로 현재 기단과 당사만이 남아 있다. 마자파힛 왕조의 벽돌

찬디 자붕

건축은 발리에도 영향을 끼쳐 많은 벽
돌로 만든 사원과 전탑이 남아 있다.
발리 덴파사르 시의 푸라 마자파힛은
벽돌로 만든 대표적인 사원이다.

찬디 자붕은 동부 자바기의
주요 사원이 밀집한 부란타스 강 유역
에서 떨어진 곳에 고립해서 있다. 기단
9.6m은 2층 방형으로 서쪽 정면에 계단
이 만들어져 있다. 당사는 원통형으로
사방에 카라·마카라 장식의 감실이 마
련되어 있다. 옥개는 방형으로 1층만
남아 있다 지상 높이 16m. 벽면 일부에는

카라·마카라 장식(찬디 자붕)

자바 설화가 부조되어 있다. 사원 영역을 표시했던 4 모퉁이에 있었던 찬디 페르와
라 중에 1동만이 남아 있다. 찬디 자붕의 주당과 비슷한 원통형 사원은 수마트라 찬디
무아라 타쿠스에 남아 있다.

찬디 파리

수라바야 남쪽 포롱 인근에 있는 찬디 파리도 대표적인 벽돌제 사원이다. 건축은 참파 왕조<sup>베트남</sup>의 카랑<sup>찬디</sup>과 매우 유사하다. 15세기 중반에 마자파힛의 쿠루타위자야 왕<sup>1447~1451년</sup>이 참파 왕국 푸티리 참파 공주와 결혼했던 것으로 보아 양국은 깊은 교류가 있었을 것이다. 원래는 2동의 건축이 있었지만, 현재는 1동만이 남아 있다. 1371년 마자파힛 왕국이 건설한 참파 양식의 특수한 예라고 할 수 있다. 사원 안에 안치되었던 석상은 참파 혹은 크메르 양식과 유사하다.

## 찬디 크다톤

찬디 크다톤은 찬디 자붕에서 남쪽으로 약 30km 떨어진 티리스 마을에 있다. 마을은 간선 도로에서 떨어진 산간의 오지이다. 좁은 계곡을 따라서 강이 흐르고 그

찬디 크다톤

주변에서 주민은 수전 농업을 하고 있다. 현재 기단만이 복원되어 있는데 전형적인 동부 자바기의 소형 찬디이다. J자형 기단 벽에는 자바 설화가 부조되어 있다. 부조는 라마야나 이야기의 중요 장면만을 골라서 새겨놓고 있다. 마자파힛 시대의 지방 영주 데위 렝가니스<sup>1370년 비문</sup>가 세운 영묘라고 한다.

부조(찬디 크다톤)

## 페낭궁간 산의 사원유적

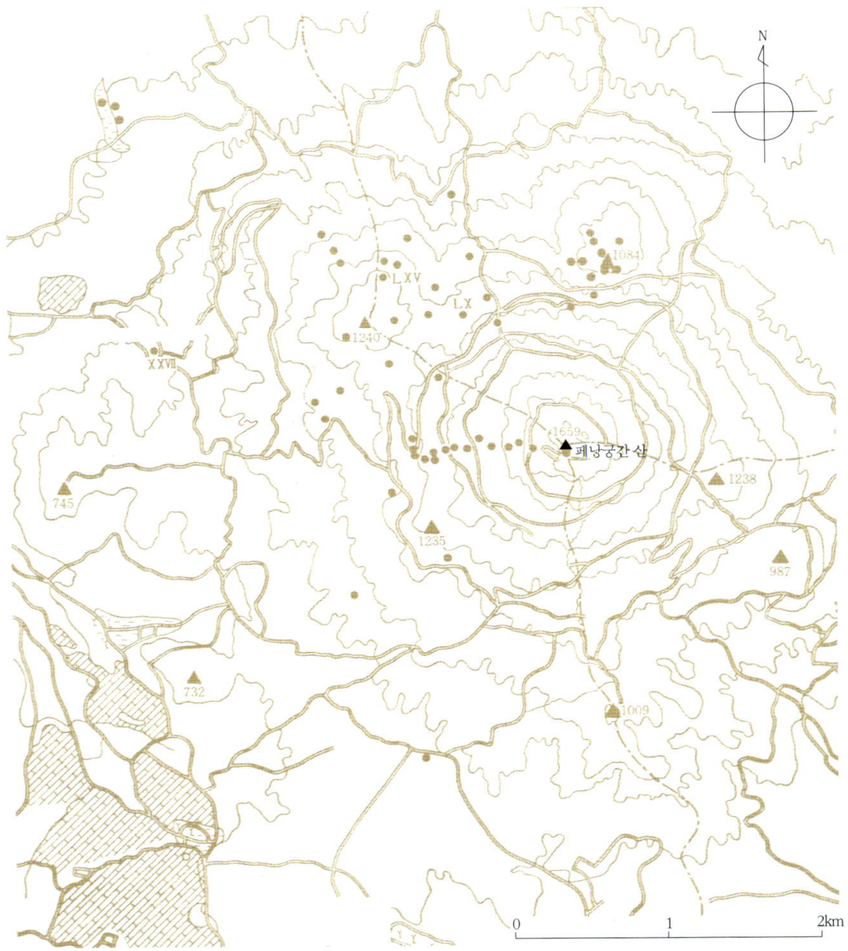

페낭궁간 산중의 사원유적 분포도

페낭궁간 산속에서 자바 토착 신앙과 힌두교 문화가 융합하여 만들어진 특이한 사원들이 많이 발견되었다. 이들 유적은 자바의 일반적인 사원 형태와 매우 다르다. 토착 신앙에서 유래하는 산악숭배의 성지에 세운 피라미드 신전들이다.

이러한 유적은 페낭궁간 산<sup>해발 750~1500m</sup> 서쪽 사면을 중심으로 밀집하여 분포하고 있다. 그 밖에도 북쪽, 서북쪽 사면에서 제사 유적이 발견되어, 일부 유적은 1935~1940년에 복원되었다. 대부분의 유적은 10세기~15세기에 만들어진 계단식

찬디 마랙 유적

피라미드 신전이다. 81군데 달하는 피라미드 신전은 잘 가공한 석재로 산 경사를 이용해서 정연히 축조한 유구도 있다. 페낭궁간 산은 예부터 선조 영령이 머무는 성스러운 산으로 숭배되었던 곳에 조상숭배와 산악신앙을 토대로 후대의 힌두교 요소가 더하여진 유적이다. 이러한 신전은 원시 종교에서 출발하는 신당 조영 양식의 하나이다.

자바 섬 선사시대의 대표적인 피라미드는 서부 자바의 레벡 찌베도구 유구이다. 이 신전은 안산암을 사용하여 기단 위에 7단의 피라미드로 쌓아 올렸다<sup>높이 5m 저변 19m</sup>. 레벡 찌베도구 유구는 5세경의 피라미드형 신전으로 보로부두르, 찬디 수쿠, 찬디 체토, 찬디 자위, 찬디 파나타란의 원형이라 할 수 있다. 피라미드 신전은 자바 이외에도 발리, 롬복, 수마트라에서 발견되었다. 발리와 롬복의 피라미드 유구는 폴리네시아의 제단 '아후'와 유사하다.

또한, 페낭궁간 유적은 발리의 브사키 사원과 입지가 유사하다. 이 2 산은 모두 힌두교의 '마하메루'를 상징하고 있다고 하지만, 그 원초적인 신앙 형태는 조상숭배와 산악숭배에서 출발한다. 15세기가 되면 자바 섬은 이슬람교에 의해서 힌두교가 쇠퇴하게 된다. 페낭궁간 피라미드 유적은 힌두교 문화가 쇠퇴하는 것에 비례해서 고유문화가 다시 소생하는 동부 자바기 말기의 '힌두·자바 사원' 종말기 상황을 전해주고 있다.

페낭궁간 산

　　한편, 건축 세부 특징은 역삼각형의 장식 부조를 가지는 두꺼운 J자형의 계단 벽이나 테라스 위에 세워진 장식 스투파 등은 동부 자바기 사원의 전형적인 특색이다. 피라미드의 측벽에 라마야나와 마하바라타를 비롯한 힌두·자바 설화의 부조를 새겨놓고 있다.

## 고아 부토

　　동부 자바의 반도와소에 많은 선사시대의 거석 유적이 남아 있다. 반도와소 주변에 많은 수의 지석묘가 남아 있는데, 그 중에 파살·아라스 유적의 지석묘가 발굴되었다. 1921년 파살·아라스 유적에서 인골과 치아, 다수의 구슬과 금환 등이 발견되었다. 2000년대에 국립인도네시아고고학연구소의 바기요 박사가 일부의 지석묘를 발굴했는데 특기할만한 유물은 발견되지 않았다.

　　또한, 반도와소에서 많은 석관묘가 발견되었다. 석관 형태는 다양한데 평면이 장방형으로 양 끝이 가늘어지는 배 모양을 하고 있다. 이러한 주형 석관은 인도네시아 각지에서 발견되고 있다. 인도네시아 석관묘는 한 곳에서 밀집해서 발견되지 않는 것이 특징이라고 할 수 있다. 인도네시아의 석관묘는 금속기시대의 일부 수장들만의 무덤이었고, 일반인은 목관을 사용해서 매장했을 가능성이 크다.

카라(고아 부토)

물소, 불상, 감실(고아 부토)

반도와소의 지석묘

발리 섬과 인접한 반도와소에 힌두교 유적이 남아 있다. 지석묘와 석관묘가 밀집하여 분포하고 있지만, 힌두교 유적은 매우 드물다. 이러한 유물의 분포를 고려하면 자바의 제일 동쪽에 있는 반도와소 지역은 동부 자바의 영향이 그다지 미치지 않았던 것 같다.

고아 부토 유적이 지렉 마을의 단애 절벽에 있다. 절벽을 깎아서 석굴사원을 만들다가 중단한 유적이다. 귀면 카라가 부조되어 있다. 카라 아래턱이 새겨져있고 얼굴 옆의 왜소한 양손 부조는 동부 자바의 일반적인 사원에서는 그다지 볼 수 없는 표현이다. 카라 상은 11세기로 추정되는 발리의 석굴사원 '고아 가자 유적'과 유사하다. 가까운 절벽에 인왕 상의 얼굴 부조, 연꽃 봉우리, 불감과 불상, 물소 등 부조가 새겨져 있다. 동부 자바기의 와양 양식과 현저하게 다른 표현이다. 힌두교와 불교가 융합한 복합 유적으로 석굴사원을 조영하다가 물 부족 등의 이유로 중도에 포기한 것 같다. 조영 연대무당 카무란 왕조기~마자파힛 왕조기는 정확하게 알 수 없지만, 동부 자바와 발리 섬을 잇는 중요한 유적이다.

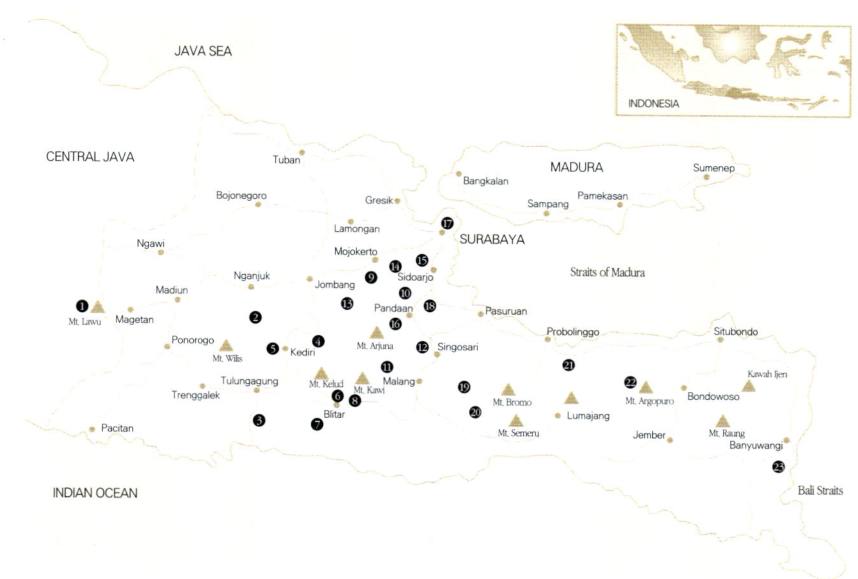



동부 자바의 사원 유적 분포도

## 장소와 연대

| 장소 | 연대 | 장소 | 연대 |
|---|---|---|---|
| 1   Candi Sukuh | 1415, 1456 | 11   Candi Badut | 8th c.(760) |
| 2   Candi Lor | 10th c. | 12   Candi Singosari | 13th c. |
|     Candi Ngetos | 14th c. |     Candi Sumberawan | 13th–14th c. |
| 3   Candi Gayatri | 1369, 1389 |     Bathing Place Watu Gede | 13th–14th c. |
|     Candi Sanggrahan | | 13   Candi Rimbi | 14th c. |
|     Candi Dadi | | 14   Candi Bangkal | 14th c. |
| 4   Candi Surawana | 14th c. | 15   Candi Pari | 1371 |
|     Candi Tigowangi | 14th c. | 16   Candi Jawi | 13th–14th c. (1332) |
| 5   Cave Of Selomangleng | 10th–11th c. | 17   Joko Dolog | 1289 |
| 6   Candi Penataran | 1197–1454 | 18   Candi Gunung Gangsir | 11th c. ? |
| 7   Candi Sumberjati | 14th c. | 19   Candi Jago | 13th–14th c. |
|     Ganeśa At Bara | 1239 | 20   Candi Kidal | 13th c. |
|     Candi Sawentar | 13th c. | 21   Candi Jabung | 1354 |
| 8   Plumbangan Gateway | 1360, 1390 | 22   Candi Kedaton | 1370 |
|     Candi Kotes | 1300, 1301 | 23   Ompak Songo | |
| 9   Trowulan | 14th c. | | |
| 10   Mt Penanggungan | 10th–15th c. | | |
|     Candi Jolotundo | 977 | | |
|     Candi Belahan | 11th c. | | |

## 참고문헌

가종수 『신들의 섬 발리』(북 코리아, 2010년)
　　　　『한국석상의 원류를 찾아서-환태평양의 석상 기행』(북 코리아, 2011년)
　　　　「동남아시아의 사원과 조상」『계간 한국의 고고학』 제18호, 2011년
강우방 『한국 불교 조각의 흐름』 대원사, 1995년
양승윤 『인도네시아사개정판』 한국외국어대학교출판부, 2010년
임영진 「인도네시아의 선사문화」『인도네시아 학술조사단 보고서』 서울대학교, 1981년
　　　　「인도네시아 선사문화와 지석묘」『지석묘 사회의 성격』 호남문화재연구원, 2010년
사공경 『서부 자바의 오래된 정원』 인도네시아 문화연구회, 2008
佐和隆研編著『インドネシアの遺蹟と美術』、日本放送出版協会、1973
千原大五朗『インドネシア社寺建築史』、日本放送出版協会、1975
千原大五朗『東南アジアのヒンドゥー・仏教建築』、鹿島出版会、1993
田枝幹宏・伊東照司編著『ボロブドール』、山川出版社、1998
田枝幹宏・伊東照司編著『ボロブドール遺跡めぐり』、新潮社、1997
小川光暘『黒潮に乗ってきた古代文化』NHKブックス、1990
　　　　『アジアの彫刻』讀賣新聞社 1968
ジョウージ・ミッチェル著神谷武夫訳『ヒンドゥー教建築』鹿島出版会、1993
H.R.Hekeren, 1958, "The Bronze-Iron Age of Indonesia", Nijhoff
John Miksic, 1999, "Ancient History", Archipelago Press
Paul Michael Taylor and Lorraine V. Aragon, 1992, Beyond of Jawa, The National Museum of natural history, Smithsonian Insition, Washinton, D.C.
Soejono R.P. 1977. Sejarah Nasional Indonesia Jil.I Zaman Prasejarah di Indonesia. Jakarta, Balai Pustaka Sarkofagus Bali dan Nekropolis Gilimanuk, Seri Oenerbitan Bergamber1, Pusat Penelitian Purbakala dan Peninggalan Nasional